DR. MED. KARL P. THOMA

HYGIENE DES SEELENLEBENS

DR. MED. KARL P. THÖMA

Hygiene des Seelenlebens

Eine Führung zu Frieden, Freiheit und Freude

DREI EICHEN VERLAG
ENGELBERG/SCHWEIZ + MÜNCHEN 60

ISBN 3-7699-0292-0
Verlagsnummer 292

1. DEV-Auflage 1976
Gesamtherstellung: Isar-Post, Landshut.

INHALTSVERZEICHNIS

Meiner lieben Frau und treuen Mitarbeiterin Helene

Vorwort

»Ein umfassendes Werk über Seelenpflege, für alle Menschen geschrieben, für den täglichen Gebrauch, zur ständlichen Beachtung und für alle Lebenslagen. Dabei geht der Verfasser, als Mensch und als Arzt, auch auf Gebiete ein, die steigendes Interesse finden, wie Graphologie, Astrologie, Vererbung, Ehekrisen, und gibt aus reicher Erfahrung kurze praktische Ratschläge — zur Formung des Seelenlebens hinsichtlich des letzten und höchsten Ziels alles Menschenstrebens: der Erlangung von innerem Frieden, innerer Freiheit und bleibender Freude.

Das Buch ist eine wirklich praktische Lebensanweisung und bringt nur, was der Verfasser in jahrzehntelangem Beobachten und Erproben als bewährt gefunden hat — es ist ein Buch aus dem Leben für das Leben und bringt jedem Strebenden wertvolle Anregung und so manchen Trost in den mannigfachen Nöten unserer Zeit. Es ist für alle Menschen geschrieben: für den Gebildeten wie für die einfachsten Menschen, denn seine Sprache ist schlicht und spricht zum Herzen, zur Seele, nicht nur zum Verstande.

Was aber dem Buche, gegenüber allen ähnlichen Büchern, eine ganz besondere Note gibt und es in diesen unruhevollen Zeiten zum sicheren Lebensgefährten werden lassen kann, ist der immer wiederholte, aus sicherstem Selbsterleben geschöpfte Hinweis auf eine geistige Welt, die uns umgibt und durchdringt und die uns nie verläßt mit liebereicher Führung, Befreiung und Hilfe. So ist denn das Buch auch ein mutvolles Bekenntnis zum Wissen um das Ewige, das Göttliche im Menschen und in der Welt und uns ein starker Trost in dunklen Tagen wie auch ein Wegweiser in eine lichtere, glücklichere Zeit.«

I.

Als ich vor 40 Jahren in den »Kneipp-Blättern« die Aufsatzreihe »Heilwege der Seele« veröffentlichte, fand dieselbe so viel Beifall und Zustimmung, daß ich mich entschloß, sie in Form eines Büchleins herauszugeben. Das Büchlein und eine Neuauflage desselben waren schnell vergriffen. Täglich einlaufende Dankschreiben bestätigten und bestätigen auch noch heute das große Bedürfnis der Menschen unserer Zeit nach seelischer Hilfe.

In einer neuen Aufsatzreihe soll nun weitere und diesmal grundlegende seelische Führung geboten werden.

Betrachten wir vor allem die Frage:

Warum Hygiene des Seelenlebens?

Weil noch wesentlicher als der Körper am Menschen dessen Seele ist. Hierbei wollen wir die Frage außer acht lassen, was eigentlich des Menschen Seele ist. Auf das Wesen des Menschen komme ich schon im nächsten Aufsatz zu sprechen. Der Seele Fähigkeiten bestehen in Fühlen, Erfühlen, Erleben und erlebendem Erkennen. Das Leben in seiner Ganzheit offenbart sich nur dem Erkennen der Seele, welches Erfühlen und unmittelbare innere Schau ist. Die unendliche, in aller Ewigkeit nicht erschöpfbare Fülle der Kräfte und Fähigkeiten des ganzen Menschen erschließt sich nur dem, der sich restlos dem Fühlen, Leben, Erleben der Seele hingibt. Alle Unendlichkeiten des Lebens stehen dem Erkennen der Seele vermittels Erfühlen, Erleben und seelischer Schau offen. Doch wird nur der den inneren Halt, wird nur der hier den rechten Weg nicht verlieren, der sich der Führung anvertraut, die aus dem Innersten der Seele kommt: dort aber wohnt Gott mit allen seinen Engeln.

Von dort kommt Gottes und aller seiner Engel Rat und Hilfe. Ich werde auf diese wesentliche Führung im Innersten der Seele immer wieder hinweisen: sie ist der Kernpunkt jener »Hygiene des Seelenlebens«, die den Menschen langsam aber sicher zum höchsten Heile führt. —

Gewiß sollen wir die Gesundheit des Körpers pflegen und die zerstörte Gesundheit wieder herzustellen trachten. Gewiß ist die Gesundheit des Leibes ein wertvolleres Gut als anderer irdischer Besitz. Aber unser guter Pfarrer Kneipp, mit einem Herzen voll der Güte und echter, ursprünglicher Menschenliebe, war nicht minder ein großer Priester der Seele, wie er ein wahrhaft großer Arzt des Leibes war. Nun tut gerade in der heutigen Zeit seelische Führung mehr Not denn je: die durch schreckliche Kriege und fürchterliche Waffen zerstörte äußere Gestaltung eines großen Teils der Menschenwelt ist nur ein Zeichen dafür, daß vorher die Ordnung der Seele verlorengegangen war.

Denn schlimmer, weit, weit schlimmer noch als die Zerstörung der Städte und die Verwüstung, Entvölkerung ganzer Länder ist die Grausamkeit und Teilnahmslosigkeit, mit der Menschen anderen Menschen Leid zufügten oder Leid geschehen ließen. Die vergeltende Weltgerechtigkeit bringt dann immer wieder Katastrophen über ganze Völker — während mitfühlendes Verstehen ein Paradies erstehen lassen kann.

Was nützt übrigens der höchste »Lebensstandard«, wenn des Menschen Seele, in der allein das ersehnte Glück empfunden werden kann, erkaltet und fast schon erstorben ist. Betrachte dein kleines Kind, spiele und scherze mit ihm, und — ist deine Seele in ihrer Fülle lebendig — du wirst Gott mit seinen Engeln empfinden in dir, um dich. Die Güter dieser Welt, die Vergnügungen und Genüsse derselben sind, damit verglichen, — nichtig, wesenlos. Hilf einem Menschen in seiner Not von ganzem Herzen und das Sonnenlicht echten Glückes erfüllt deine Seele. Tritt hinaus in die Frühlingspracht von Wald und Wiese und das bescheidene Blümchen am Wegrande erweckt die innere Heiterkeit, die dem vielen Denken und Wünschen der Menschen versagt bleibt.

Und wenn du durch rechtes Denken und Fühlen deine Seele zu stimmen weißt, dann wirst du im Innersten der Seele das Leben und Weben Gottes und seiner Engel empfinden, welches Liebe, Glück, Frieden selber ist — — jene ewige Seligkeit, nach der allein der Mensch sich letzten Endes sehnt, von dem ersten Tage des Eintritts in diese Welt bis zum Verlassen derselben für immer. Ja, mit geschlossenen Augen und in der Stille seines Kämmerleins kann der Mensch, der, worauf ich immer wieder hinweisen werde, mehr, weit mehr, unendlich mehr ist als der vergängliche Leib, inneren Frieden, innere Freiheit, innere lebendige Freude finden, zu der es weder des Reichtums, noch der Bildung, ja, nicht einmal der Gesundheit des Körpers bedarf.

Ich spreche es aus, auch auf die Gefahr hin, von meinen Arztkollegen belächelt und von sonst wohlmeinenden Menschen mißverstanden zu werden:

Der Mensch ist göttlicher Natur und seine Heimat ist nicht von dieser Welt, sein Erdenleib ist ihm nur Behausung zum Zwecke des Erlebens der Erdenwelt und diese Erde selber ist ihm nur vorübergehende Heimstatt.

Diese Tatsache — ebenso wirkliche Tatsache wie das Vorhandensein unseres Erdenkörpers, wirklich wie die Erde unter unseren Füßen und die Sonne am Firmament — muß der Kernpunkt einer wirklichkeitsgemäßen Hygiene des Seelenlebens sein.

Eine solche wird das ganze Menschenleben umfassen

müssen und jedem Menschen — ohne Unterschied — etwas geben können, ja, sie wird vielen viel und manchen das Wertvollste vermitteln helfen, das der Mensch je gewinnen kann: inneres Glück und Frieden der Seele — — was immer auch die Zeit bringen mag.

Sie wird dem einfachen Mann aus dem Volke, der einfachen Frau ebenso beglückender Führer sein wie dem Mann der Wissenschaft mit seinem Denken, Wissen und Können, wie dem politischen Führer des Volkes — dem Arbeitnehmer und dem Arbeitgeber, dem Fabriksherrn und dem geringsten seiner Werktätigen.

»Hygiene des Seelenlebens«, wie sie hier dargestellt wird, bringt Glück dem Einzelmenschen in jedem Augenblick seines Alltags, lehrt ihn, seine Gedanken und Wünsche lenken und seine Kräfte gebrauchen, sich, seinen Lieben, ja, allen Menschen zum Segen.

Und erst, wenn die Menschen die rechte Hygiene des Seelenlebens üben, kann der ersehnte wirkliche — und nicht nur scheinbare — Völkerfrieden zustande kommen, den kein papierner Pakt je zu gewährleisten vermag.

Wenn du mich nun fragst, woher ich meine Darstellung nehme, so sage ich dir: aus dem Erleben, Fühlen und Schauen, aus dem sicheren Erkennen der Seele. Doch nicht nur Gedankenwissen wollen meine Worte dir vermitteln, sondern das Leben in dir wecken, in Leib und vor allem in der Seele, das eigene seelische Erkennen, das weit beglückender ist und weit fruchtbringender wirkt als das Wissen eines anderen, das dieser zur Darstellung bringt.

Denn wie das Wissen von tausend Büchern dem Menschen nicht das Sehen der Augen zu ersetzen vermag, so kann Gedankenwissen niemals ersetzen das eigene Erkennen, das Sicherheit gibt in allen Lagen des Lebens.

Auch werden alle meine Ratschläge, die ich geben werde,

dir nur dann wirklichen Gewinn bringen, wenn du sie als wahr bestätigt findest durch eigenes inneres erlebendes und erfühlendes Erkennen. —

II. Was ist der Mensch?

So fragte mich vor einigen Tagen mein schwerstkranker Patient, der seit Jahren, nach Gehirngrippe, zunehmend an heftigen Krampfschmerzen leidet, die ihn auch nachts nicht verschonen. Nur schmerzstillende Einspritzungen lindern etwas sein Leiden.

So fragtest vielleicht auch du schon. Oder ein anderer fragt: »Wozu ist man denn auf der Welt? Wozu lebt denn der Mensch?« Ich will dir auf diese Fragen Antwort geben. In keiner Zeit war die richtige und zeitgemäße Antwort auf solche Fragen nötiger als heute.

Nun, wenn du für dich selbst deine Frage beantwortest, was kannst oder besser wahrscheinlich wirst du dir sagen? Du wirst dir sagen: vor so und so viel Jahren wurde ich geboren und einstens werde ich sterben. Freilich sprechen die Religionen, daß der Mensch eine Seele habe und daß diese weiterlebe und einstens, nach der Läuterung im Fegefeuer, in den Himmel komme und dort in ein ewiges Leben der Seligkeit und des Friedens.

Allein dem Menschen, zumal dem Menschen von heute, ist diese Zukunft nach dem Tode sehr unbestimmt. Im ganzen ist es doch so, daß die meisten Menschen im Tode die endgültige Auflösung des Menschen sehen. Selbst die gläubigen Menschen des modernen Kulturkreises tragen nur eine sehr schwache Gewißheit des Fortlebens nach dem Tode in sich. Ich will dafür ein Beispiel aus meiner ärztlichen Praxis geben.

Ich hatte eine sehr gläubige Patientin, deren Sohn Priester wurde und die mit unheilbarer Lungentuberkulose im Sterben lag. Als wir allein waren, fragte sie mich: »Glauben Sie wirklich, Herr Doktor, daß der Mensch nach dem Tode weiterlebt, und, bitte, seien Sie mal ganz aufrichtig zu mir, ist meine letzte Stunde gekommen?« Und ich sprach zu ihr mit der Bewegtheit, der Kraft und der Gewißheit eines Arztes und Menschen, dem zur Aufgabe gestellt wurde, einem seiner Mitmenschen einen überaus wichtigen Dienst zu tun. »Ja, Sie verleben die letzten Stunden hier auf dieser Erde, aber bald werden Sie und mit lebendigerem Bewußtsein als hier auf Erden im Jenseits aufwachen. In einem feinstofflichen Leibe, der ohne Schwere ist und gleichsam aus Licht besteht, werden Sie in ihren letzten Augenblicken ihren Erdenleib am Scheitel des Kopfes verlassen. Alsdann befinden Sie sich in der Jenseitswelt. Dort werden Sie Hilfe finden, die Sie weitergeleitet in die Welt des Himmels, die Welt des ewig seligen Lebens und reinsten Friedens.« »Und werde ich in der Jenseitswelt meine Lieben wiederfinden, die vor mir von dieser Erde gegangen sind?« »Ganz gewiß!« »Woher, lieber Herr Doktor, können Sie mit solcher Bestimmtheit zu mir sprechen?« »Weil ich den Vorgang des Verlassens dieses Erdenleibes aus eigener Erfahrung kenne und weil ich ununterbrochen so bewußt bin meines feinstofflichen, meines geistigen Leibes wie dieser irdischen Welt.« Ich legte ihr bei diesen Worten meine Hand auf Scheitel und Stirn und blickte ihr mit liebevollem aber kraftvoll-sicherem Blick in die Augen. Da begann eine Zentnerlast von der Sterbenden abzugleiten, sie lächelte selig und völlig befreit von allem Bangen. »Ich danke Ihnen unendlich, Herr Doktor.« Selig lächelnd schlief sie ein und ging voll Vertrauen und Gewißheit, durch mich nun wissend geworden, den Weg, den zu gehen den Menschen obliegt, wenn ihre Stunde gekommen ist. —

Du aber sollst wissen: Es sind nicht deine lieben Abgeschiedenen, mit denen du in spiritistischen Sitzungen in Verbindung treten kannst. Es sind vielmehr unheimliche tierähnliche, aber mit einer gewissen Intelligenz und eigenartigen Fähigkeiten begabte Wesen der unsichtbaren, feinstofflichen irdischen Sphäre. Sie täuschen dich und sind dem Leibe und noch mehr der Seele verderblich oder zum mindesten schädlich. Es sind die Wesen, von denen Goethe in seinem »Faust« sagt:

»Sie hören gern, zum Schaden froh gewandt,
Gehorchen gern, weil sie uns gern betrügen;
Sie stellen wie vom Himmel sich gesandt,
Und lispeln englisch, wenn sie lügen.«

Es geht zur Zeit eine Welle des Spiritismus auch über Deutschland. Die seelische Not der Zeit drängt die Menschen, den Sinn des Lebens nicht nur in diesem irdischen Leben zu suchen, das den Menschen so viel Enttäuschungen und Leiden gebracht hat. Das Innere des Menschen, die Seele spricht: »Das Leben hat einen höheren Sinn, der nicht von dieser Welt ist.« So suchen Tausende und Millionen Menschen die Bestätigung der inneren Stimme auf den irreführenden, verderblichen Pfaden des Spiritismus. —

Aber nun ein Beispiel auch aus meiner ärztlichen Praxis, daß selbst einfachste Menschen die wirklichen Vorgänge und tatsächlichen Verhältnisse ganz richtig erahnen, — weil sie sich die seelische Wahrnehmung nicht vom überklugen Verstand verdunkeln lassen. Es war eine alte Arbeiterfrau. Sie stand allein, ihr Mann, ihre Kinder waren schon von ihr gegangen in jene Jenseitswelt, deren sie, tief gottgläubig und gottvertrauend, gewiß war. Ihr Leben war harte Arbeit gewesen und viel Leid war ihr nicht erspart geblieben. Dennoch blickte sie heiter ins Leben. Sie sprach zu mir: »Mir kommt das Sterben vor, wie wenn ein Mensch aus einem Zimmer in ein anderes geht.« Schöner, einfacher kann der Vorgang des Sterbens nicht beschrieben werden, — und jenes andere Zimmer, dessen kann ich dich aus eigener sicherster Erfahrung versichern, ist weitaus lichter und lebensvoller als das Zimmer, das der Mensch beim Sterben verläßt. Er verläßt es für immer, kehrt nicht wieder dahin zurück, wie die Menschen östlicher Glaubenslehren vermeinen. —

»Wenn ich nun aber ahne, wohin der Mensch geht, woher kommt er wohl?« Von dort, wohin er sich sehnt, aus seiner wirklichen, seiner ewigen Heimat, von seinem Vater. Er kommt aus der innersten, ewigen Geisteswelt. Im Innersten der Seele bleibt er, verkörpert im irdischen Leibe, seiner Heimat, seinem Vater verbunden, er, der verlorene Sohn. Hat er sich doch verloren in diesem Erdenkörper, den er, irrend und nicht mehr bewußt seines ewigen, göttlichen Wesens, für sich selbst hält. Alte Weisheitslehren nennen es ein Erwachen aus Schlaf, Traum, Tod, wenn der Mensch seines ewigen göttlichen Wesens wieder bewußt wird und dann selig seine Heimat schaut und seinen ewigliebenden Vater »Von Angesicht zu Angesicht«. Einst wird auch dir dieses ewige Erleben beschieden sein. Voll Ehrfurcht kannst du es jetzt nur ahnen — und wirst fortan in dem geringsten deiner Brüder etwas anderes sehen — als nur den Irrenden, den Schwachen, den Angehörigen dieser oder jener Rasse.

Verzage aber nicht in größter Not und in Zeiten allgemeiner Verwirrung. Die Liebe deines Vaters und deiner ewigen Heimat ist trotzdem alle Zeit in dir und um dich.

Verzage auch nicht ob eigenen Irrens und eigener Fehler und Schwächen. Du flehst nicht umsonst um Führung, um Hilfe, Erleuchtung und Kraft!

»Es irrt der Mensch solang er strebt« — läßt Goethe »den Herrn«, im Beginne seines »Faust« sprechen. Und am Ende desselben läßt er die Engel singen:

»Gerettet ist das edle Glied
Der Geisterwelt vom Bösen:
»Wer immer strebend sich bemüht,
Den können wir erlösen.«
Und hat an ihm die Liebe gar
Von oben teilgenommen,
Begegnet ihm die selige Schar
Mit herzlichem Willkommen.«

Wahrlich! Auch an dir nimmt »die Liebe von oben« teil. —

III. Von Gottes Wirklichkeit und der inneren Stille

»Die Ewigkeit ist stille,
Laut die Vergänglichkeit,
Schweigend geht Gottes Wille
Über den Erdenstreit.«
Wilhelm Raabe

Vorbemerkung

Es hat mich sehr erschüttert, als ich hörte, daß ein bekannter Professor der Medizin, groß als Mensch wie als Arzt und Forscher, durch Gift sein Erdenleben beendete. Er konnte den Zusammenbruch Deutschlands nicht überleben, — wenigstens vermeinte er, es nicht zu können.

Ein anderer mir persönlich gut bekannter Wissenschaftler und Arzt, auch Professor der Medizin, beging vor kurzem Selbstmord durch Erhängen.

Noch ein Trauerspiel aus meinem Kollegenkreise. Ich arbeitete mit einem hochbegabten Facharzt zusammen, der über eine gute klinische Ausbildung verfügte und sich außerordentlich großen Zuspruchs seitens der Patienten erfreute. Er verlor an kurzer schwerer Krankheit seine geliebte junge Frau; zwei kleine Kinder ließ sie ihm zurück. Auch er vermeinte, das Leben nicht mehr ertragen zu können und endete hier auf Erden durch Selbstmord.

Selbstmorde von Ärzten kommen anscheinend häufiger vor als Selbstmorde von Angehörigen anderer Berufe! Wohl deshalb, weil der Arzt die Nichtigkeit, die Vergänglichkeit des irdischen Lebens fast täglich erlebt. Aber auch der Priester erfährt solches täglich, und Priesterselbstmorde gehören sicher zu den größten Seltenheiten. Mir wenigstens ist kein einziger in Erinnerung.

Ich will daher ein Beispiel bringen, wie stark und oftmals heiter ein Priester ein langes, überaus schweres Leiden ertragen kann. Es handelt sich um den schwerstkranken Patienten meiner 25jährigen ärztlichen Praxis, einen katholischen Priester in den mittleren Lebensjahren. Von Jahr zu Jahr nahm sein Leiden zu: schmerzhafte Krampfzustände aller Muskeln des Körpers quälten ihn bei Tag und bei Nacht. Nur mit Mühe und kaum verständlich konnte er sprechen. Ich sehe ihn heute, nach mehr als zehn Jahren, noch deutlich vor mir. Kaum konnte er schlucken und konnte so nur mit Mühe an einem Leben erhalten werden, das den weitaus meisten Menschen in keiner Hinsicht lebenswert erscheint. Wie oft habe ich ihn besucht! Er nannte mich nur seinen besten Freund. Denn ich war ihm nicht nur Arzt, ich legte ihm bei meinen Besuchen die Hand aufs Haupt und blickte ihm mit Güte in die Augen, die er wegen ständiger Augenmuskelkrämpfe kaum gebrauchen konnte. Mit dem Segen Gottes verließ ich ihn jedes Mal. Er war wirklich ein Heiliger, wenn man unter diesen Worten einen Menschen versteht, der Gott all sein Leben, Gott alle seine Leiden darbietet, und mit selbstverständlicher Gewißheit an Gottes Güte und Wirklichkeit glaubt. —

Von Gottes Wirklichkeit

Ja, was hat diesem wahren Priester Gottes die Geduld und Kraft verliehen, ein qualvolles Leben ohne Murren zu ertragen? Der Glaube an Gottes Wirklichkeit und Güte, die völlige Gewißheit davon. Und hätten jene Männer der Wissenschaft, Männer jenes Standes der Gebildeten, den man unter diesen am höchsten einschätzt, auch nur einen Teil der seelischen Kraft des Priesters besessen — sie hätten sich nimmermehr zu ihrer unheilvollen und törichten Tat hinreißen lassen! Denn nimmermehr können sie ihr bewußtes Leben vernichten. Wem aber Gott eine Prüfung schickt, dem gibt er auch Kraft und Hilfe, diese zu bestehen.

Der felsenfeste Glaube an Gottes Wirklichkeit und Güte gibt aber auch die Kraft für alle weniger schweren Lebensaufgaben. Er entfaltet unsere Kräfte nicht nur der Seele, auch die des Verstandes — läßt uns uns selber, unsere Mitmenschen, ja, das ganze außermenschliche Leben und Sein richtiger erkennen und die richtige Einstellung finden zu allem, was uns begegnen mag, was es auch sei.

Schon der Verstand sagt uns — der einfache, nicht überspitzte, nicht durch Spekulationen dem Leben und der Wirklichkeit entfremdete Verstand! —, daß dieses ganze unermeßliche Weltall mit seinen unzählbaren Sonnensystemen — nicht aus einem Nichts entstanden sein kann. Jedes Blatt am Baum ist ein Wunder! Jeder Frühling, der aus grauer Erde neu ersteht, ist ein Wunder! Und, o Wunder größtes, aus einem Gebilde winzig klein, mit dem bloßen Auge eben noch erkennbar, wird ein Mensch! Du siehst dein Kindchen heranwachsen — wer lehrt es, wie seine Muskeln zu gebrauchen, wie Ärmchen und Beinchen richtig zu bewegen?! Wie aus unvorstellbar zahlreichen Eindrükken an Form und Farbe eine Welt aufzubauen?! Wer lehrt es die Worte finden für das, was es sieht, hört und empfindet und kindlich denkt, und schließlich Sätze formen, um Erkenntnis und Willen kundzutun?! Wahrlich, du brauchst kein Wissenschaftler, kein Arzt zu sein, um dessen gewiß zu werden, daß ein Unsichtbares, an Schönheit, Ordnung und Kraft unfaßbar Gewaltiges hinter dieser irdischen Sichtbarkeit steht, als deren letzte Ursache und als unvergängliche Wirklichkeit alles, wenn auch noch so wunderbaren, Vergänglichen.

»Wohl«, wird da mancher sagen, »ich erkenne an, daß dieses unsichtbare Gewaltige da ist, weil es da sein muß, woher aber Gottes Güte? Gibt es doch so viel Leid auf der Welt und Böses unter den Menschen.« Daß Gottes Wesen dennoch Güte ist, kannst du nur mit der Seele empfinden. Das Leid und das Böse ist der Krankheit vergleichbar, der ein blühender, kräftiger Menschenkörper erliegt, dem Sturm, der Gräser und Bäume knickt, der Wasserflut, die die junge Saat vernichtet, dem Brand, dem ein großer Wald zum Opfer fällt, dem Ungeziefer, das in einem dürren Sommer in deinem Garten die Mühe deiner Arbeit begräbt. Es ist eine Art Mißlingen im großen Gelingen dieser Welt. Doch des Menschen Schicksal ist damit noch nicht erklärt. Seine letzten Ursachen liegen tiefer und auch das Leiden hat einen Sinn — und der letzte Sinn desselben ist dennoch gut — ist dennoch Weg zur Freude. Darüber aber will ich mit dir in einem späteren Kapitel reden. —

Von der inneren Stille

Wenn du an Gottes Wirklichkeit und ewige, nicht einen Augenblick nachlassende Güte glaubst, dann wird eine lichte Stille in dir erstehen, ein heiterer Frieden, der wahrlich nicht von dieser Welt ist.

Diese Stille ist das Empfinden von Gottes Leben, Sein und Wirklichkeit selber. *Gott* ist deine wahre Heimat und zugleich dein Innerstes — ist — ohne es erschauernd und voll tiefster Ehrfurcht! — dein wahres, dein *ewiges* Wesen. Ist zugleich das Innerste dieser und aller Welten, ist die innerste Jenseitswelt, die innerste Geisteswelt. Dort ist kein Mißlingen. Nicht eine Spur von Leid, des Bösen wird dort gefunden, sondern zunehmende Herrlichkeit, Schönheit, unstörbarer Frieden, Seligkeit, unendliche Liebe. Alles Schöne und Gute hat dort seine letzte Ursache und nie versiegende, unerschöpflich reiche Quelle.

Achte auf die innere Stille! Werde dessen gewahr, daß aller »Erdenstreit«, daß aller Sturm deiner Empfindungen und Gedanken sich nur auf der äußersten Oberfläche deiner Seele abspielt!

Wie oft kannst du es erleben, daß unruhevolles Sichsorgen und Denken den ruhigen Fluß deines Lebens und Lebensempfindens stört und dir nicht nur den inneren Frieden raubt, sondern dich daran hindert, die Dinge unverzerrt, unentstellt zu sehen, sie zu sehen, wie sie wirklich sind — mag es sich auch um eine *vergängliche Wirklichkeit* handeln, verglichen mit Gottes *unvergänglicher Wirklichkeit.*

Darum pflege die innere Stille! Gib dich diesem ruhigen heiteren Selbstempfinden, Lebensempfinden hin! Am Morgen, zu »stillen Stunden« auch tagsüber, wenn du allein bist, nachdem du alle Sorgen, alles Wünschen von dir hast abgleiten lassen. Dein irdischer Alltag wird dadurch nur gewinnen. Vielleicht kommt dir noch auf dieser Erde die Stunde, daß du in der inneren Stille bleibst — auch im geschäftigsten Treiben und im Widerstreite der Menschen.

Dann hast du einen Schatz gewonnen für die Zeit und für die Ewigkeit. Einen unvergänglichen Schatz, und diesen nicht nur für dich, sondern, wahrlich, auch für alle deine Mitmenschen. —

IV. Von der Pflege der Freude

»Die Freuden des Lebens
sind unsere einzige Nahrung;
das letzte, kleinste Tröpfchen davon
erhält uns am Leben!«

Jean Giono

Freude ist es, was wir in der inneren Stille empfinden, Freude, Frieden, Leben, Licht.

Nur sehr wenige Menschen jeweils auf Erden vermögen ununterbrochen in der ungetrübten, ungestörten inneren Stille zu verweilen. Selbst diese pflegen die Freude, indem sie die tausendfältigen Anlässe zur Freude weise nützen.

Denn es ist unsere Pflicht, die Freude zu pflegen, weil Freude der Wille und das Leben Gottes selber ist. Wenn du durch eine blühende Frühlingslandschaft schreitest, wenn du die Schönheit erblickst, mit der Gott auch das winzigste Blümchen bedacht hat, dann wirst du mit Sicherheit die Tatsache empfinden: Gott ist ein Gott der Freude und schuf Natur und All aus Freude. Es ist so, wie Schiller von der Freude singt:

»Blumen lockt sie aus den Keimen,
Sonnen aus dem Firmament . . .«

Doch nur, wer die innerste Geisteswelt kennt, aus unmittelbarer Schau und sicherem Erleben, weiß, daß Gott die Freude selber ist. Sie pflegen heißt, in unserem ewigen Leben erstarken und das Dunkel der irdischen Welt lichten für uns, unsere Mitmenschen, ja für die ganze Natur. —

Gewiß sollen wir auch die Dinge sehen wie sie sind. Der Arzt wird die Krankheit zu erkennen suchen und dann mit allen Kräften und mit allem Können daran gehen, die Gesundheit wiederherzustellen. Auch wenn er die Ursache der Krankheit — die er dennoch mit allem Scharfsinn zu ergründen sucht — noch nicht erkannt hat, wird er alle Heilkräfte des Leibes und der Seele zu stärken versuchen. Er sieht die Gefahr, sieht vielleicht eine unheilbare Krankheit — aber er wird zu retten versuchen, was noch zu retten ist, ohne sich vom Anblick der Krankheit erschrecken und so sich seine Kräfte lähmen zu lassen. »Wenn die Not am größten, ist Gottes Hilfe am nächsten.« Im Gegenteil, die größte Not seines Kranken ruft nur erst recht all sein Helfenwollen und Helfenkönnen auf.

So sollst auch du in jeglicher Not verfahren. Laß dich nicht lähmen! Blicke aus nach allem, was Hilfe bringen kann, und freue dich über jede Aussicht auf Hilfe, über jede kleinste Hilfe und geringste Förderung. Betrachte deine Not genau, doch wende all dein Empfinden und Glauben, alle Kräfte deiner Seele in die Richtung deiner Notwende.

Und wenn du in deiner Not dein bisheriges Leben betrachtest, dann beachte darin das Gelingen, erblicke darin, was dir Hoffnung gibt, was den Glauben stärkt, das Selbstvertrauen fördert, das Vertrauen auf die Zukunft erhöht — was dir Freude macht und deine Kräfte weckt.

Denn Freude ist ein Wecker der Kräfte! Lust nur insofern, als sie gemeistert wird und im Dienste der Freude steht, ein Quell der Freude wird.

Als Arzt lerne ich mehr Not kennen als andere Menschen. Bücher über Menschenschicksale kann ein Arzt schreiben, der nicht nur mit dem Verstande Arzt ist, sondern mehr noch mit dem Herzen, mit der Seele.

Ich habe eine Patientin in Behandlung, sie mußte wie ihre Landsleute ihre Heimat verlassen. Und nun kam sie in ärmliche Verhältnisse, in Entbehrung, ja, Not. Als ihr Mann durch Unfall ums Leben kam, verlor sie alle Hoffnung und alle Freude am Leben. »Ich kann nicht froh werden«, höre ich sie sprechen, »denn, wenn ich mein Leben überschaue, so sehe ich nur Sorgen und Mißlingen.« Sie sah nicht die vielen kleinen Freuden, die ihr geboten wurden, sah nicht die Gunstbezeigungen des Schicksals. Dadurch, daß sie nur das Schwarze in ihrem Leben sah, lähmte sie sich die Kräfte ihres Körpers, und ich tue, was ich vermag, sie aus diesem Teufelskreis zu lösen, denn: die Empfindung der Lähmung ihrer Körperkräfte vermehrt ihren Mangel an Hoffnung und Zuversicht, dieser wiederum verstärkt die Empfindung ihrer Schwäche. Würde sie den Blick auf die Freuden werfen, die kleinen Freuden des Lebens, die ihr täglich beschieden sind, und so die Freude pflegen, — sie spränge aus ihrem Bett heraus, an das sie sich selbst fesselt, und erlebte das Wunder der Freude. —

Nun wollen wir aber betrachten, wie du im Alltag die Freude pflegen kannst.

Du kannst die Freude schon pflegen dadurch, daß du dich freudigen Gedanken hingibst, — freudige Gedanken beflügeln die Kraft, etwas zu erreichen, und der Glaube an freudespendendes Gelingen stellt dir das Schicksal als Helfer zur Seite.

Freude sich bereiten, heißt anderen Freude bereiten: in Fühlen, Gedanken, Worten, Tat. Lebenskünstler sein heißt: die kleinen Freuden des Alltags wie die großen Freuden des Lebens und Schicksals sehen und die Gelegenheit, Freude zu bereiten, allezeit wahrnehmen. Denn was du andern tust, das tust du mit unfehlbarer Sicherheit dir selber. Wenn du aber etwas aus Liebe tust, dann fließt dir der mächtigste Quell der reinsten, lichtesten Freude. So heißt denn Freude pflegen, die Liebe pflegen.

Pflege die Freude, indem du mit Freude auch die vielleicht nüchterne Arbeit deines Alltags füllst: jeden Griff deiner Hand, jede Bewegung deines Fingers. Den Blick deiner Augen, das Horchen deines Ohrs, ja, das Denken deines Verstandes kannst du mit Freude füllen, mit Freude füllen das Empfinden deines ganzen Körpers, das Erfühlen der ganzen dich umgebenden Welt, du, der ewige Geistesmensch, der du ewige Freude in Gott bist.

Freue dich über das Werk deiner Hände, über das Gelingen all deiner Bemühungen, freue dich über jedes kleinste Gelingen. Freue dich besonders, wenn es dir gelingt, auch eine dir unangenehme Arbeit mit Freude zu tun. Freue dich über die Bemeisterung deiner Gedanken, Empfindungen und Gefühle.

Mache dein Heim zum Quell der Freude: ein freundlicher Vorhang, ein freudeerweckender Sinnspruch an der Wand, ein heiterstimmendes Bild, eine Blume in der Vase, im Winter Fichtengrün — all dies kann dir zur Pflege der Freude dienen.

Freude spendet dir die Natur in der Blütenpracht des Frühlings und Sommers, im märchenhaften Farbenspiel des Herbstes, in der Ruhe ihrer Wälder, in der Erhabenheit des Hochgebirges wie in der lösenden Weite der See.

Nicht minder aber kann dir die Pflege deines leiblichen Befindens und Wohlergehens zur Pflege der Freude dienen. Ein Atemzug erfrischender Luft kann Freudefühlen in dir wecken, ein Spaziergang nach der Arbeit in den Räumen deines Berufes, wie entspannendes Ruhen nach den Anstrengungen des Tages. Und was die Körperpflege betrifft, so kann ein Luftbad am Morgen, das Bürsten oder Frottieren und Selbstmassieren der Haut, auch am Morgen, wie auch leichte Morgengymnastik zu kleinen Quellen der Freude werden. Aber auch an Speise und Trank denke als Quell kleiner Freuden: wer das Empfinden seiner Seele weckt, der wird auch das Empfindungsvermögen seines Leibes bereichern, wird mehr Genuß ernten, wenn er einen Apfel verzehrt als andere mit Braten und Leckereien.

Du suchst nach Anlässen zur Freude: siehe, jeder Augenblick breitet sie vor dir aus!

Viel zu wenig wird auch die Freude beachtet, die das Spiel mit den »Kindlein« bringen kann, »denn ihrer ist das Himmelreich«. Auf die Freude, die eine glückliche Ehe bringt — auch ihrer ist das Himmelreich! — brauche ich wohl nur hinzuweisen. Desgleichen auf die Freude, die aufrichtige Freundschaft, zumal Freundschaft aus dem Empfinden innerster Sympathie und Zusammengehörigkeit, uns schenkt. Hier ist Pflege der Freude die Pflege der tausend Zärtlichkeiten in der Ehe, die Pflege der Freundschaft auch in düsteren Lebenslagen, seien sie bedingt durch Schicksalswalten oder durch menschliches Irren, menschliche Schwäche.

Gewiß darf bei der Pflege der Freude nicht die »holde Kunst« vergessen werden, gewiß nicht das Buch, und vor allem sei der Teilnahme an religiösen Handlungen, am »Gottesdienst« der Religionen gedacht, die zu einem Quell mächtiger, starker, dauernder Freude werden kann.

Spiel und Sport, die Teilnahme an Festen der Familie, der Freunde, an öffentlichen Festen dienen gleichfalls der Pflege der Freude. —

Ich kann dieses Kapitel nicht beschließen, ohne derer zu

gedenken, die anscheinend »gar keinen Grund zur Freude mehr« haben. Als Arzt schwebt mir da vor allem der unheilbare Schwerkranke vor Augen, mit seinen vielen Entsagungen und Gebrechen, seinen Beschwerden und Schmerzen. Aber auch der darf noch hoffen, soll noch hoffen, und aus der Hoffnung Freude schöpfen. Er kann Freude schöpfen aus den, wenn auch vorübergehenden, Besserungen seines Leidens und aus den Hilfsbezeigungen seines Arztes, seiner Angehörigen und Freunde. Auch die vielen anderen Freuden, von denen ich im Vorhergehenden gesprochen habe, können ihm, wenigstens teilweise und zeitweise, zu eigen werden. Das gleiche gilt für den Menschen in den letzten Monaten oder Jahren seines Verweilens auf Erden, gilt für den, der Habe und Heimat verloren hat und infolge Krankheit oder Alter nicht mehr die Möglichkeit besitzt, den früheren Wohlstand wiederzugewinnen.

Wenn aber einem Menschen die ganze Welt versinkt, wenn er sein Liebstes durch den Tod hier auf Erden verliert, so wiederhole ich, was ich früher gesagt habe: dein Liebstes lebt — lebendiger als du! — und fühlend nimmt es teil an dir. Deine Trauer und Verzweiflung wird es nur betrüben. Sei stille, vertrauend heiter im Innen und mit aller Sicherheit wirst du empfinden, daß dein Liebstes lebt und bei dir ist. —

Letztlich bleibt aber auch den in vieler Hinsicht ärmsten Menschen doch die reichste Quelle des Glücks, der Freude erreichbar: Gott und mit ihm die Geisteswelt, die Himmelswelt. Sie sind ständig bei dir als Quelle von Freude und Kraft. Das ist nicht Weltanschauung, ist nicht Glaube, ist nicht Gefühlsduselei und am allerwenigsten Phantasterei! Das ist *Wahrheit*, die ewiger *Wirklichkeit* entspricht! Einer Wirklichkeit, die aller irdischen Wirklichkeiten unvergängliche Ursache ist und alles Lebens Fülle in sich birgt. —

V. Liebe und Pflicht

»Der nächste Weg zu Gott ist durch der Liebe Tür,
Der Weg der Wissenschaft bringt dich gar langsam für.«
Angelus Silesius

Mannigfaltig wie die Gelegenheiten, Freude zu pflegen, sind auch die Gelegenheiten zur Entfaltung der Liebe. Ja, sie sind eigentlich noch mannigfaltiger! Denn schwer fällt es dem Menschen, in Trauer, Schmerz und Leid Freude zu empfinden. Von der Überwindung des Leides hören wir noch. Wie? In Trauer, Schmerz und Leid kann man Freude empfinden? Doch! Der kann es, der in sein Inneres blicken lernt, wo die ewige Seligkeit allein wohnt. Wie das zu tun, wie man lernt, in sein ewiges Innere zu schauen, dazu dient dieses Buch, dienen alle Bücher, die ich noch schreiben werde. In diesem ewigen Innern wohnt auch die Liebe. Und letzten Endes hat ein jeder Augenblick des menschlichen Lebens nur diesen einzigen Sinn: zum Bewußtsein des ewigen Innern zu gelangen.

Trauer, Schmerz, Leid widerstehen der Freude. Der Liebe Widerpart aber sind Haß, Neid, Übelwollen, Abneigung, Schadenfreude und andere ähnliche, wie man auch sagt negative, das Leben der Seele lähmende, ja, zerstörende Seelenregungen. Wir werden in dem Kapitel »Hygiene des Gedankenlebens« hören, wie die Seelenregungen, die in der Regel mit Gedanken verknüpft sind und die ihnen entsprechenden Gedanken und Vorstellungsbilder zu erwecken suchen, um an Stärke zu gewinnen, wir werden in diesem Kapitel hören, wie wir vom Gedanken aus unsere Seelenregungen lenken und meistern können. Wir werden hören, wie wir erwünschte Seelenregungen pflegen, unerwünschte aber zum Erlöschen bringen können — wie eine Flamme erlischt und dann einfach nicht mehr da ist. Freilich, hier auf dieser Erde, werden wir immer von einem Meere negativer Gedanken und Seelenschwingungen umgeben sein, die teils von den Menschen ausgehen, teils von uns unsichtbaren finsteren Mächten. Nur in der innersten Jenseitswelt, der Himmelswelt, der Welt Gottes und seiner Engel, der wahren Heimat des Menschen, ist nichts zu finden, was Freude, Frieden, Liebe und Leben zu hemmen vermöchte. Deshalb wird auch ein wirklicher Meister der Hygiene des Seelenlebens immer auf der Hut sein müssen vor jenen Seelenwellen, die nicht im Einklang stehen mit dem ewigen Leben des Menschen. —

So liebe du denn vor allem dein ewiges Leben und Gott, die Engel und die erlösten Menschen darin. Biete dieser ewigen Innenwelt lichter, befreiender, stärkender, beseligender Kräfte alle Regungen der Seele und des Leibes dar. Biete ihr dar die ganze Welt, dein ganzes Sein und Bewußtsein. Und der Strom des befreienden Lichtes wird sich nicht nur dir schenken, sondern — soweit dies möglich — auch deinen Lieben im Diesseits wie Jenseits und allen Menschen.

Es ist aber jeweils nur wenigen, sehr wenigen Menschen auf dieser Erde möglich, in jedem Augenblick nur auf Gott und in ihm, mit ihm auf die Welt der Engel und der erlösten Menschen zu schauen, der Welt, die dem Menschen auf Erden mit ihrer Hilfe, ihrer Liebe, mit ihrem befreienden, beseligenden, Kraft und Frieden gebenden Leben so nahe ist.

Deshalb pflege die Liebe, wie du die Freude pflegen sollst, auf daß die Liebe und mit ihr dein ewiges Leben in dir wachsen. Auf daß Gott in dir wachse! Denn einzig deshalb bist du im Dasein, einzig deswegen hat Gott diese unermeßliche Welt geschaffen und läßt in ihr werden und wachsen und wieder vergehen alles, was da ist, — *auf daß Er, Gott, im Menschen zum Erwachen* und Wachsen komme.

Pflege die Liebe, wenn du am Morgen die Augen aufschlägst, indem du in Liebe aller gedenkst, denen du mit besonderer Liebe verbunden bist. Gedenke mit Liebe auch aller derer, die dir vielleicht nicht wohlgesinnt sind oder dir im äußeren Leben geschadet haben — auf daß du zu einer schenkenden Liebe wirst in Gott, in dem Schaden und Übelwollen nichts Wirkliches sind. Im Strahl dieser Liebe vergeht das Denken an Feindschaft und erlittenen Schaden, wie die Finsternis durch das Licht des Tages vergeht. Sodann kannst du deine von den Fesseln eines Wahns befreite Liebe auf alle Menschen und auf alle guten Kräfte der Welt ausdehnen — die üblen, bösen, zerstörenden Kräfte wirst du wohl beachten, sie aber nicht, fühlend, seelisch dir verbinden. So hilfst du mit, daß das Böse hinwegschmilzt und die Kraft des Guten und damit Leben, Liebe, Freiheit und Freude siegen.

Liebe deine Arbeit! Ach, wirst du sagen, der Mann hat gut reden! Liebe deine Arbeit um deinetwillen, Gott hat sie dir gegeben, damit sie dich seelisch fördere. Es ist in jeder Arbeit ein Fünklein Freude verborgen, das durch Hingabe und Beachten zur mächtigen Flamme zu werden vermag, die alles Unangenehme an der Arbeit verzehrt. Glaube an die in der Arbeit verborgene Freude! Liebe aber vor allem deine Arbeit, weil sie den Quell der Freude in sich birgt und ein für fast alle Menschen unerläßlicher Weg zum Wachstum ihres ewigen Lebens ist. Liebe deine Arbeit als Geschenk Gottes — und hinter der erst bitteren, dann harten Schale wirst du einstens den süßen Kern der frischen, reifen Nuß entdecken. Aber so lange brauchst du dennoch nicht zu warten. Wer sich so einstellt zur Arbeit, dem wird von diesem Augenblick an die Arbeit mit ständig sich mehrender Freude und Seelenkraft und auch mit äußerem Erfolg lohnen.

Liebe die Natur — und sie wird dir ihre Schönheiten und Geheimnisse offenbaren.

Liebe Speise und Trank und du wirst nicht nur Freude ernten, sondern auch leichter entdecken, welche Nahrung dir in gesunden und kranken Tagen förderlich ist.

Liebe deinen Leib und jeden Teil, jedes Vermögen desselben — um dessentwillen, daß er ein Haus ist, in dem du als ewiger geistiger Mensch wohnst und in dir und mit dir Gott selber.

Von der Liebe zu deinen Mitmenschen, auch zu deinen »Feinden«, habe ich schon gesprochen, und bedenke, daß hier wie überall und immer gilt:

»Alles Verständnis kommt nur durch die Liebe.«
(Richard Wagner)

Gerade die Liebe im Verkehre mit deinen nächsten, dir »liebsten« Menschen kann und soll dir zum mächtigsten Wecker der Liebe werden, die sich dann ergießt auf alle Menschen, alle Welt.

»Mann und Weib und Weib und Mann
Reichen an die Gottheit an.«
(Mozart, Zauberflöte).

So kann die Liebe zwischen Mann und Weib ein »direkter Weg« zu Gott werden. Es kann in höchster Sinnenlust bei völliger liebender Hingabe an den anderen eine innere lebendige Flamme reinsten und mächtigsten Lichtes entzündet werden, die in der innersten Geisteswelt selbst aufflammt und alles irdische Begehren und Bangen restlos verbrennt. —

Von der Pflicht

Wer wahrhaft liebt, der achtet nicht auf die Früchte der Liebe, er liebt aus Liebe allein, wird zu einer strahlenden

Sonne der Liebe, die immer nur gibt und sich ums Nehmen nicht kümmert.

Lieben aber heißt: nicht weichlichen Herzens zu sein, das widerstandslos Bitten gewährt, deren Erfüllung dem anderen Menschen nur schaden würde. Wahre Liebe ist Kraft, Stärke — und verlangt manchmal hart zu sein und zu bleiben — mit liebendem Herzen. Von Selbsttäuschungen frei die Wirklichkeiten des inneren und äußeren Lebens zu erkennen suchen, das will die starke, in sich selber freie Liebe, auch dann, wenn man dich vielleicht verkennen sollte. Aber auch dadurch darf die Liebe nicht im mindesten gemindert werden, sie soll nur erstarken im verstehenden, verzeihenden Erbarmen. —

Nun zur Pflicht! Pflichterfüllung ist die Erfüllung dessen, was die inneren Lebensbeziehungen verlangen, ist die Erfüllung der Forderung von Gesetzen des Lebens.

So ist es Pflicht des Menschen, daß er jedwede Arbeit mit Sorgfalt, Anteilnahme, größter Aufmerksamkeit und mit Einsatz all seiner Kräfte verrichte — weil nur so die Kräfte der Seele geformt werden können, gemeistert werden können — um einstmals als Werkzeug Gottes zu dienen für alle Ewigkeit.

Es ist Pflicht, zu geben und nicht nur zu nehmen — denn für alles, was der Mensch in Empfang nimmt, muß er eine Gegengabe bereit halten, die dem Gesetze des inneren Ausgleichs entspricht. Hier kann man aber ohne weiteres in anderer »Währung« bezahlen. Wer eine Gabe entgegennimmt, der gebe wieder, vielleicht einem anderen Menschen, mit Hilfe, mit Geld und Gut oder mit Können, Wirken, Tat.

Es gäbe ein ganzes Buch über Pflicht und Pflichten zu schreiben: von den Pflichten innerhalb der Familie, von den Pflichten des Arbeitgebers und Arbeitnehmers, von den

Pflichten des Menschen gegenüber den einzelnen Mitmenschen und der menschlichen Gemeinschaft.

Daß deine eigene Familie dir näher steht als eine andere Familie, fühlst du selbst. Dabei darfst du aber der Pflichten nicht vergessen, die du gegenüber den anderen Familien hast und auch hierbei wird es Unterschiede geben — denn überall wo echtes Leben quillt, gibt es Unterschiede der Lebensbeziehungen. Es gibt auch keine allgemeine Menschenliebe! Immer und überall ist die Liebe anders gefärbt und von verschiedener Stärke. Wie aber der Mensch in sich Ewig-Göttliches birgt, so soll auch die Liebe in sich immer und überall die ewig-göttliche Liebe bergen.

Du hast auch Pflichten gegenüber der Gemeinschaft! Aber betrachte deine Pflichten nüchtern-klar, auf daß du auch hier den rechten Weg nicht verfehlst, zum Schaden für dich und die Gemeinschaft selber.

Wer sich innerlich frei und offen hält, in heiterer Ruhe, voll Selbstvertrauen, dem wird die Seele zeigen, wie er sich in den jeweiligen Lebenslagen verhalten soll. Dieses Buch kann ihm ein Wegweiser sein und soll seine Seele stimmen, die verborgenen Lebensbeziehungen zu erfühlen. Du sollst aber nicht ängstlich sein, darfst nicht verzagen — wenn du immer wieder Fehler begehst. Du wirst, bist du nur guten Willens, von Erkenntnis zu Erkenntnis schreiten, — und in dem göttlichen Lichte lösen sich einst die Folgen all deiner Fehler für immer auf.

Wie du mit deinem Auge den Weg siehst, der vor dir liegt, wenn du durch eine dir unbekannte Gegend gehst, so wirst du mit dem Auge der Seele in der inneren Ruhe, von Gott und seinen Engeln geführt, alles erkennen, was du in deinem Leben zu tun und zu lassen hast. Bitte auch Gott und seine Engel um Kraft und Erleuchtung, und wahrlich, beides wird dir mit Sicherheit zuteil werden.

Sei nur nicht bange, wenn du einmal danebentrittst auf deinem Wege. Begib dich nur gleich wieder auf den rechten Weg: den du erfühlst im Selbstvertrauen und in der Stille der Seele, die ihren Blick ebenso nach innen auf Gott und auf die Helfer in der innersten Geisteswelt gerichtet halte, wie aufs Leben außen.

Erst in dieser, in der ewigen Himmelswelt, gibt es kein Fehlen mehr.

Außerhalb der Himmelswelt gilt das ewige Gesetz: *Zu blicken nach außen aufs Leben und nach innen auf Gott,* in einem *einzigen Lebenserfühlen,* in einem einzigen *ruhigheiteren* Selbsterfühlen.

So wirst du unter allen Umständen, immer und überall, den rechten Weg erfühlen, des rechten Weges innewerden. —

VI. Hoffnung, Glaube, Zuversicht und Geduld

Hoffnung und Zuversicht

»Das Beste liegt nie hinter uns,
sondern immer vor uns.« *(Jaeger)*

»Wie? Das Beste liegt immer vor uns?« Du hast recht, hier gibt es manches zu bedenken; und doch ist wahr, was da gesagt ist, wenn wir das Wesentliche ins Auge fassen. Es ist aber das Unglück der Menschen, daß sie das Wesentliche überhaupt nicht beachten, geschweige denn ins Auge fassen oder gar im Auge behalten, obwohl sie sich im Tiefsten einzig und allein nach dem Wesentlichen sehnen. Damit sich dein Auge für das Wesentliche öffne und deine tiefste Sehnsucht Erfüllung finde — darum *allein* schreibe ich dieses Buch und werde ich noch Bücher schreiben. Auch ich sehnte mich einstens nur nach dem Wesentlichen, bis sich dieses mir offenbarte und ich erkannte, daß all mein Sehnen nur dem Wesentlichen galt.

Wenn der gebrechliche Mensch der letzten Lebensjahre sein Leben vor sich sieht, kann er da noch sagen, daß das Beste vor ihm liege? Nur wenn er das Wesentliche bedenkt und ins Auge faßt, das Leben in seiner ewigen Heimat, dann kann er dies sagen und mit vollstem Rechte — denn alle Güter und Genüsse dieser Welt sind nichts im Vergleich mit der makellosen Seligkeit dieser innersten aller Welten, dieser allein unvergänglichen.

Was immer ein Mensch hier auf Erden verlieren mag, und seien es auch seine liebsten Menschen: in der Himmelswelt wird er in unvorstellbar seliger Gemeinschaft, untrennbar mit ihnen vereinigt, sich wiederfinden.

Dennoch wird in allen Lebenslagen auch irdische Hoffnung und Zuversicht nur förderlich sein. Die Hoffnung und Zuversicht selbst des unheilbar Kranken weckt nicht nur Freude in seiner Seele, die ihm bleibt für sein ewiges Leben, sie weckt auch die Kraft in Seele und Leib, die Schmerzen und Beschwerden leichter zu ertragen und weniger zu beachten. Sie weckt die Heilkräfte in seinem Körper, die das Gesamtbefinden bessern und auch eine wenigstens vorübergehende Besserung der Krankheit bewirken. — Jedem andern Kranken aber wird Hoffnung und Zuversicht nur helfen, die Gesundheit schnellstens wiederzugewinnen.

Und hast du Geld und Gut verloren, wird Hoffnung und Zuversicht dir helfen, die neue Lage leichter zu ertragen und dieselbe zu verbessern, und in dir Einsicht und Kraft wecken, wieder zu neuem Wohlstand zu gelangen.

Hoffnung und Zuversicht wird auch dem helfen, der mit Fehlern und Schwächen ringt, sie wird auch ihm Einsicht und Kraft schenken. Er wird lernen, Fehler und Schwächen nicht allzusehr zu beachten, wohl aber sehr und ständig zu beachten die Kraft des Guten in sich. So wird diese wachsen und erstarken, Fehler und Schwächen aber werden verkümmern und vergehen.

So hilft Hoffnung und Zuversicht: sie hilft die äußeren Verhältnisse bessern, ja, kann den Menschen hoch über jenen Stand seiner äußeren Lebensverhältnisse erheben, den er vorher eingenommen und dann verloren hat durch Schicksalswalten oder eigene Schuld.

Sie weckt Einsicht und Kraft, was er im Äußeren wiedergewonnen hat, zu behalten, ja, weiter zu verbessern und zu vermehren.

Sie, Hoffnung und Zuversicht, ist vor allem eine seelische Kraft, auch für die Ewigkeit, die weitere seelische Kräfte weckt, auch für die Ewigkeit — und das ist die kostbarste Eigenschaft dieses seelischen Vermögens. Denn sie weckt die Freude, die treibende Kraft, das Herzblut alles Lebens, weckt Glaube und Liebe, fördert Ausdauer und Geduld. —

Glaube

»Alle Dinge sind möglich dem, der da glaubt.« *(Markus 9,23)*

Während die Hoffnung eine Kraft ist, die dem Menschen das Vorstellungsbild dessen vor Augen stellt, was er erlangen oder erreichen möchte, was er sich wünscht, ja, — vor allem! — wonach er sich sehnt, des Menschen Blick gleichsam im Fluge dem Gelingen, dem Ersehnten zuwendet und den Menschen leicht beschwingt, ihn von Schwere und Fessel löst und lichte, lösende, lebendige, alle Kräfte befreiende und belebende Freude im Menschen weckt — während also Hoffnung mehr eine lösende und belebende Kraft ist, ist der Glaube von anderer Art.

Glaube ist eine andauernde Kraft. Seine Gegenkraft ist der Zweifel. Glaube faßt alle Kräfte des Bewußtseins, faßt den ganzen Menschen, Seele und Leib zusammen und bildet daraus das Vorstellungsbild des Geglaubten. Nun stehen die Seelenkräfte des Einzelmenschen nicht isoliert, nicht für sich allein da. Ja, die inneren und innersten Kräfte des Menschen stehen in Verbindung mit den Kräften des Schicksals, mit den Kräften, die jeglichen Vorgang in der Welt bewirken. So ist es also in der Tat wahr, daß einem Menschen von genügend starkem Glauben »alle Dinge möglich sind«.

Hoffnung läßt sich leichter erwecken als wirksamer Glaube.

Wenn auch Hoffnung und Zuversicht vieles vermag, und wie gesagt die Kräfte löst und belebt und auch, freilich weniger machtvoll als starker Glaube, die Kräfte des Menschen zusammenfaßt in das Vorstellungsbild des Ersehnten, so ist doch immer außerdem der Glaube zu pflegen. Ja, die Pflege des Glaubens ist noch wichtiger.

Der Glaube weckt auch Kräfte, befreit sie, belebt sie und macht sie stark, er faßt aber mehr die Kräfte zusammen und lenkt sie in eine einzige Richtung, auf ein einziges Ziel.

Wie ist nun aber der Glaube zu pflegen? In den Kapiteln »Hygiene des Gedankenlebens« und »Hilfsmittel der Seelenformung« werde ich wichtige Hinweise geben.

Du mußt dein Denken, Vorstellen, Fühlen, Empfinden, dein Tun und Lassen — soweit dies nicht dir und deinen Mitmenschen zum Schaden gereicht und soweit dies im Einklang steht mit dem *wohlverstandenen* Gesetz der Liebe — allezeit zusammenfassen in ein einziges Vorstellungsbild und in eine einzige Richtung auf ein einziges Ziel lenken. Das Vorstellungsbild steht schon am Beginne des Weges deines Glaubens vor dir. Es wird deutlicher und lebenskräftiger — gleichsam materieller! —, je kraftvoller du voranschreitest. Vor allem mußt du dein Denken darauf einstellen! Die meiste Zeit seines Tages ergötzt sich der Mensch mit einem Denken an dies und jenes, mit einem Gedankenspiel. Das hört auf, wenn du wahrhaft glaubst! Der Glaubende ist ein bewußter Schöpfer! Er wird nicht gedacht wie die anderen Menschen, nein, er meistert seine Gedanken und formt sie bewußt zum Bilde des Geglaubten — sei dies ein Gelingen oder ein äußerer oder innerer Zustand.

Es muß dir selbstverständlich werden, daß du das, was du glaubst, erreichst. Eine ruhige, selbstverständliche, in sich selbst gewisse Sicherheit muß dich ganz durchdringen, muß dich ganz erfüllen.

Und wenn du so deinen Glauben übst, dann kannst und wirst du ihn, ja, sollst du ihn auch bei kleinen und kleinsten Dingen gebrauchen.

So führt Glaube zu seinem wichtigsten Erfolg: zum Glauben an sich selbst.

Auf diese Weise kannst du dich durch Glauben von Fehlern und Schwächen befreien, die du abzulegen wünschest. Kannst du — und dies ist die weitaus herrlichste Frucht des Glaubens — deine Seelenkräfte so einstellen, daß die Kräfte deines ewigen Geisteslebens erwachen, daß du bewußt wirst der ewigen Geisteswelt, daß du erwachst, in Gott und mit Gott, als ewiger Geistesmensch. Mit einem völlig neuen Bewußtsein, das die Menschen nicht einmal zu erahnen vermögen, wenn auch alle, im Tiefsten einzig und allein danach sich sehnen.

Hingegen steht nicht im Widerspruch zu diesem höchsten

Glauben der Glaube an das Gelingen eines äußeren Werkes.

Im Gegenteil! Innerer Glaube will auch Glaube an das Gelingen im Außen. Innerer Glaube duldet keine Schwäche, duldet keinen Zweifel — und wenn ein Gelingen Jahrzehnte auf sich warten läßt, wahrer Glaube wird durch die Zeit nicht gemindert, wird nur von Tag zu Tag kräftiger.

Wie da eine Sage von einem Einsiedler in Indien berichtet, der im Urwalde die Erlösung in Gott erstrebte. Es kam Gott in Menschengestalt zu ihm und als der Einsiedler ihn fragte, wie lange er wohl noch auf die Erlösung zu warten habe, erwiderte Gott: »Hunderttausend Jahre!« »Oh, welch kurze Zeit!« rief freudig der Einsiedler aus. »Mein Sohn, im Augenblick bist du bei mir!« So fand ein Glaube, dem Zeit nichts ausmacht, die Überwindung der Zeit und die Erfüllung in einem Augenblick.

Wenn du den Glauben ständig übst, auch in kleinen und kleinsten Dingen, werden deine Kräfte wachsen, werden wachsen deine äußeren Erfolge. Nur hüte dich vor dem Zweifel, hüte dich vor dem Verstand! Es handelt sich um Dinge der Seele, nicht des Verstandes. Mit der Zeit, wenn er das Gelingen sieht, läßt sich auch der Verstand überzeugen. Dennoch steht er alle Zeit bereit, mit seinem Zweifel in eine Lücke hineinzuspringen, wenn deine Wachsamkeit versagt.

Wenn du nun die Gefahr erkennst, mit dem eingeschlüpften Gedanken und Gefühl des Zweifels nicht spielst und, diese nicht beachtend, sofort dein Denken und Fühlen dem geglaubten Gelingen, dem empfundenen und gedachten Vorstellungsbild davon, zuwendest, so wirst du mit der Zeit lernen, in jedem Augenblick Herr des Zweifels zu sein. Du wirst nur jene Zweifel dulden, jene Einwände des Verstandes, die dem Gelingen förderlich sind.

Freilich wirst du in der Regel von deinem Glauben nichts

Unmöglichscheinendes verlangen — und du kannst, sollst und wirst es doch dann, wenn es um Großes und Größtes geht: um das Heil deiner Seele.

Doch kann durch rechten Glauben auch im Äußeren sehr, sehr viel erreicht werden: das Gelingen eines Werkes, die Befreiung — selbst von als unheilbar geltender Krankheit. —

Ich sagte, beim Glauben sollst du vor allem dein Denken, dein Vorstellen, dein Fühlen und Empfinden in den Dienst deines Glaubens stellen. Soll dein Glaube all seine Macht entfalten, so muß ihm dein ganzes Leben und Bewußtsein dienen. Das heißt vor allem: du mußt unermüdlich dich selbst bemühen, mußt denken, schaffen und auf der Ausschau auch nach dem Geringsten sein, das der Verwirklichung deines Glaubens förderlich sein kann.

Wer so mit allen Kräften des Leibes und der Seele, einschließlich aller Fähigkeiten des Verstandes, alles Könnens und Wissens, sich selbst bemüht, der verstärkt dadurch seine Glaubenskraft. Und die verstärkte Glaubenskraft weckt und stärkt wieder alle Kräfte und Vermögen des Menschen.

Das ist lebendiger Glaube! Solchem Glaubenden gehorchen und helfen die verborgenen Kräfte, die hinter Menschen und Dingen stehen, die sie lenken und beeinflussen. Solchem Glaubenden hilft die Geisteswelt — ihm zur Freude:

»Fortes fortuna juvat — Hilf dir selbst, so hilft dir Gott!«

Geduld

Des Glaubens Widersacher ist der Zweifel. Aber noch durch anderes kann das Wirken des Glaubens gestört werden: durch Ungeduld. Geduld aber ist der mächtigste Verbündete des Glaubens. Glaube schließt das sichere Wissen in sich, daß der Erfolg des Glaubens unausbleiblich ist. Allein der Mensch wünscht sich, daß dieser Erfolg so bald wie möglich eintreten möchte. Der Mensch weiß oft nichts bewußt davon, weiß nichts von solchem verborgenen Wünschen, das sich bewußt als Unruhe und Hast, als Ungeduld äußert.

Heitere Ruhe läßt all dies nicht aufkommen. Geduld ist eine besondere Form der heiteren Ruhe: nämlich in Bezug auf die Zeit, in der wir etwas erwarten, die Gabe des Schicksals wie den Erfolg unserer Bemühungen.

Auch Geduld ist eine Seelenkraft und eine wertvolle, ja, für den Menschen auf seinem Weg zum höchsten Heil seiner Seele ganz unerläßliche. Geduld läßt allem Geschehen die ihm notwendige Zeit. Und gerade seelische Wandlungen verlangen *viel, sehr viel Zeit.* Sie lassen sich nicht erzwingen, weil eben alles Lebensgeschehen sich in der Zeit vollzieht.

Geduld braucht die Arznei zum Wirken und der Körper um gesund zu werden. Geduld sollst du auch mit deinen Mitmenschen haben: auch ihr Tun, ihr seelisches Sichwandeln vollzieht sich in der Zeit. Oft wirst du bei deinen Mitmenschen Nachsicht üben müssen, wenn du Einsicht besitzest, um die du dich bemühen sollst: Verständnis für ihre Eigenart, für ihre Fehler und Schwächen. So wie du auch dir selbst gegenüber Nachsicht üben sollst durch Gewinnen von Einsicht in deine Eigenart, mit ihren Vorzügen und Mängeln.

Geduld hast du zu jedem Werke notwendig, wenn deine und deiner Mitmenschen Kräfte im Wirken und Zusammenwirken nicht gestört werden sollen.

Durch Übung von Geduld erstarken diese, wie jede Seelenkraft, jedes Seelenvermögen. Dann, übst du vollendete Geduld, wird dir äußeres wie inneres Gelingen in der kürzesten Zeit beschieden sein und du wirst eine Kraft erworben haben, die deiner Seele Leben behütet und ihm die Quellen alles Lebens reichlich fließen läßt aus: Zeit und Ewigkeit. —

VII. Wunsch und Wille

Der Mensch und seine Wünsche

Was alles sich der Mensch wünscht! Wunsch nach Wunsch steigt in dir auf, wenn du dich fragst, was du dir wünschest. Nun, was wünschest du dir vor allem? Wärest du ernstlich krank, so würdest du dir vor allem Gesundheit wünschen, und, wärest du gepeinigt von Schmerzen, von diesen befreit zu sein. Sähest du deine Lieben in Not, dann wäre dein größter Wunsch, daß es diesen wohl ergehe. Wenn dann aber die nächsten, dringendsten Wünsche ausgesprochen sind, kommen jene Wünsche an die Reihe, von deren Erfüllung du dir Wohlergehen und Glück fürs ganze Leben erwartest. Die meisten Menschen wollen ja reich sein und sorglos leben können. Wären sie aber reich, so wären sie doch nicht zufrieden, lebten nicht sorglos. Andere Wünsche und wieder andere hätten sie — und wenn sie selber nicht wüßten, was ihnen noch fehlte, wenn sie alles besäßen, was sie sich ausdenken könnten an Gütern und Genüssen, sie wären doch nicht glücklich.

Ja, Mensch, wünsche dir nur dies und das — du darfst dir ja auch irdische Güter und Genüsse wünschen — vergiß aber niemals, daß du im Innersten, Bleibenden einen einzigen großen Wunsch hast: nach ewiger Seligkeit und ewigem Frieden und dies beides in Gott.

Aber du wünschest dir dies und jenes und deines wichtigsten, deines *bleibenden* Wunsches, der dich keinen Augenblick verläßt, im Diesseits und Jenseits, achtest du nicht.

Es ist vorgekommen, daß Menschen, die alles erreicht hatten, was sie sich wünschten, dem Trübsinn verfallen sind, oder sich das Leben genommen haben. Sie suchten das Glück und fanden's nicht, das ewige Glück der Seele. Tot ist die Welt einem Menschen, dem alle Wünsche erfüllt sind und dem es doch an der Erfüllung seines innersten, höchsten, bleibenden Wunsches mangelt. Freilich gibt es viele Menschen, die den Ruf ihrer Seele nach Erfüllung ihres ewigen Wunsches nicht hören. Sie leben dann wie die Tiere und schlimmer noch als diese, wenn sie nur den Begierden ihres Leibes und dem Wunsche nach irdischen Gütern, Genüssen, Vergnügungen, Befriedigungen leben. Und ihnen kommt der Verstand bereitwillig zu Hilfe, als ergebenster Diener ihrer Wünsche und Begierden, und bescheinigt ihnen, daß sie gut daran tun, Sklaven ihrer Wünsche zu sein. Sie merken es nicht, daß sie nur erbärmliche Sklaven sind. Vielleicht leben sie auch »religiös« und ihr Verstand legt ihnen die Lehren ihrer Religion so aus, daß ihre Wünsche dadurch nicht behindert werden. So ist das Leben der Menschen ein Leben der Selbsttäuschungen. Nur wer guten Willens die Stimme seines Innern beachten lernt, wird allmählich davon frei. Völlig frei wird er freilich auch nicht, nur handelt es sich dann nicht mehr um Wesentliches. Hier schon auf Erden erlangt er wahres Glück und wahren Frieden.

Wünsche dir ruhig aber auch irdische Güter und Genüsse — nur laß dich nicht von diesen, laß dich nicht von solchen Wünschen fesseln. Beachte vor allem, ob die Erfüllung deiner Wünsche, deines Begehrens dir oder deinen Mitmenschen nicht zum Schaden gereicht. Rechte »Hygiene des Gedanken- und Gefühlslebens« tut da unendlich not. Halte dich im Innersten frei von irdischen Wünschen jeglicher Art, sei ihr Herr in jedem Augenblick — das ist des Menschen edelste Tat, ein Herr zu sein.

Um so mehr und wirklich restlos sollst du dem Göttlichen in dir hingegeben sein, denn dieses macht dich frei, macht dich zum Herrn!

Innerlich frei und nüchtern-klar betrachte, was du dir wünschest, und was andere wünschen, daß du tun, wie du dich verhalten sollst.

Frei mußt du auch deinen Mitmenschen, selbst deinen Liebsten gegenüber sein! Auch deine Liebe muß frei sein, frei aus deinem Innersten, Ewigen, Göttlichen strömen. Das bedeutet, daß du dem Wunsche auch deines dir liebsten Menschen nicht augenblicklich und vorbehaltlos willfahrst, sondern, von Liebe durchströmt, in heiterer Ruhe erwägst, was zum Heile dient.

Dann wirst du dir und deinen Mitmenschen manches verweigern müssen, was an Wünschen in dir aufsteigt oder von außen an dich herangetragen wird.

In jedem Augenblick wirst du auf der Hut sein müssen, daß du »Herr der Lage«, deiner inneren Lage bleibst. Denn nur völlige innere Freiheit ermöglicht wahres Glück. —

Die Macht des Willens

»Sondern was du mit aller Kraft
und ganzem Willen w i l l s t , das
besitzest du . . . und wirklich!
mit meinem Willen vermag ich

alles: kann aller Menschen
Mühsal tragen, kann alle
Armen speisen und aller Menschen
Arbeit leisten und was du sonst
erdenken magst ... Denn
was ich haben w i l l , das habe ich.«
(Meister Eckehart, übersetzt Büttner)

Aus dem alten China wird folgende Geschichte erzählt. Ein armer alter Bauer hörte zufällig von einem reichen Mann, der imstande sein sollte, Tote lebendig und Arme reich zu machen. Er lieh sich Brot und Lebensmittel und begab sich zu diesem Mann, von dem er mit völliger Gewißheit glaubte, daß er im Besitze von Zauberkräften sei, in der Hoffnung, daß er ihn reich machen würde. Im Schlosse des reichen Mannes angelangt, begegnete er zunächst den Hausfreunden desselben und diesen trug er sein Anliegen vor. Die aber beschlossen, ihren Spaß mit ihm zu treiben. Sie führten den alten Bauer auf einen hohen Balkon des Schlosses und einer von ihnen, den sie als den Herrn des Schlosses bezeichnet hatten, sprach: »Du bekommst hundert Goldstücke, wenn Du da hinunterspringst.« Der Bauer glaubte, der Zauberer würde ihn schon beschützen, sprang hinunter und kam völlig heil und unversehrt unten an. Da hieß ihn der vermeintliche Zauberer in einen tiefen Fluß tauchen und kostbare Perlen heraufholen. Der gläubige Bauer tat dies und brachte wirklich Perlen mit, als er wieder auftauchte. Schließlich sollte er durch ein großes Feuer gehen, hinter welchem die feinsten Gewänder aufgeschichtet waren. Der Bauer schritt durch das Feuer, ohne sich im mindesten zu verbrennen. Konfuzius, der große Sittenlehrer des alten China, hörte davon und sprach zu seinen Schülern: »Ein Mensch, der Glauben hat, kann alle

Dinge meistern, es wird ihm alles gelingen und nichts kann ihm widerstehen.«

Der hl. Augustinus erzählt in seinen »Bekenntnissen« von einem Menschen, der seit Jahren erblindet war. Mit seinem Schweißtuche berührte er die Gebeine zweier Märtyrer und führte dann das Tuch an seine Augen. Er gewann das Augenlicht wieder.

Glaubensheilungen finden sich im Evangelium, in der Geschichte der Apostel und Heiligen und in der Geschichte der Wallfahrtsorte.

Warum ich diese Erzählungen und Berichte bringe? Um die Macht des Glaubens darzutun, die zu allen Zeiten und bei allen Völkern von gläubigen Menschen erfahren wurde. Sodann um den Unterschied zu zeigen zwischen dem Wesen des Glaubens und dem des Willens.

Der Glaube ist eine Macht, die im Menschen entsteht — die er sich aber auch selbst zu schaffen vermag, wenn er von ihrer wunderwirkenden Gewalt weiß —, der Glaube ist eine Macht, die den Menschen erfüllt und bewegt. Der Wille aber ist eine Seelenmacht, mittels deren ein Mensch selbst bewegt, nicht von welcher er bewegt wird. Gewiß handelt der Mensch aus freiem Willen und seinem Wunsche folgend, wenn er vom Glauben bewegt wird. Der Wille aber ist eine Kraft des Handelns. Glaube und Wille werden sich in wohltätigster Weise verbünden können und so in diesem Bündnis zu jeder Zeit das Größte erreichen — weitaus Größeres, als der Mensch ahnen konnte, bevor er Glaube und Wille, diese so bedeutsamen Vermögen der Seele, üben lernte.

Auch der Wille faßt alle Kräfte des Menschen zusammen. Es tut dies aber der Mensch *mittels* seines Willens: er handelt bewußt aus eigener Kraft, eben aus der Kraft des Willens, die er als solche in sich spürt, in sich zu wecken und bei allen Gelegenheiten zu üben vermag. Der Wunsch allein vermag gar nichts. Wohl aber kann ein mächtiger Trieb, ein mächtiges Gefühl den Menschen zu mächtigem Handeln bewegen und dabei alle Kräfte wecken und zusammenfassen.

Was das Gefühl der Liebe vermag, dafür bietet die heutige Zeit so reichlich Beispiele, in der Mütter regsam, unermüdlich schaffend und in höchstem Maße erfinderisch werden, um ihren Kindern Nahrung, Kleidung und eine warme Stube zu bescheren. Aber auch die negativen Gefühle bewegen mächtig die Menschen, ich erinnere nur an den Zorn.

Das gleiche gilt für die Triebe: der Grundtrieb, der Selbsterhaltungstrieb, weckt wie die Liebe alle Kräfte, auch des Körpers, so daß man staunen muß, mit wie wenig Nahrung die Menschen nicht nur zu leben, sondern auch körperlich zu schaffen vermögen. Auch an die Macht des Geschlechtstriebes sei erinnert, der — wird er nicht gemeistert — Mensch und Mitmenschen ins Unglück stürzt.

Gefühle und Triebe bewegen den Menschen, — Triebe kommt ja sprachlich von treiben —, die edlen Gefühle mit Willen des Menschen, die unedlen gegen den innersten Willen, den Willen des ewigen Menschen, den Willen Gottes im Menschen. Der Wille aber läßt den Menschen selbst handeln. Vom Wünschen aus kommt der Mensch nur dann zum Handeln: wenn Gefühl oder Trieb den Menschen bewegen oder der Mensch seinen Willen in den Dienst des Wunsches stellt.

Darum achte der Mensch sehr darauf, was er will: ob der Wunsch, den er wollend zur Erfüllung bringen will, ihm und seinen Mitmenschen zum Heile gereicht. Der Wille kann auch den Körper eines Menschen zerbrechen, und hier kann man in einem andern Sinne sagen: »Der Geist ist willig, aber das Fleisch ist schwach.« Wenn nämlich ein Mensch andauernd seine Kräfte überspannt, dann bricht er eines schönen Tages zusammen. Solch eine ungesunde Willensanspannung ist eine richtige Willensverkrampfung und stört die Funktion wichtigster Organe des Körpers mit den Folgen von Krankheit und Tod.

Der rechte Wille ist ein ruhiger, geduldiger, gleichsam heiterer, seines Könnens, seines Vermögens völlig sicherer Wille. Er kennt nicht Unruhe und Hast und läßt sich von niemandem und von nichts dazu verleiten, Unruhe und Hast aufkommen zu lassen. Der rechte Wille handelt ruhiger Einsicht und edelstem Fühlen gemäß. Er benützt alle Einsicht, um alle Vorteile auszukundschaften und auszunutzen, die sich auf dem Wege zum Ziele seines Strebens bieten können, sowie um die Schwierigkeiten zu vermeiden oder zu überwinden.

Wie der rechte Glaube, so achtet auch der rechte Wille der Zeit. Er sucht nichts zu erzwingen und da auch er ohne Ungeduld, Unruhe, Hast wirkt, so läßt er alle Kräfte des Leibes und der Seele sich frei entfalten.

Gefühl — Liebe, Freude —, Glaube und Wille wirken einträchtig miteinander in der inneren Ruhe, im vollen Selbstvertrauen, Gottvertrauen.

Selbstvertrauen aber heißt: nicht mehr Pflichten und Arbeiten zu übernehmen, als man ohne Überspannung seiner Kräfte zu erfüllen beziehungsweise auszuführen vermag und ohne daß die Güte der bisherigen Arbeit, der bisherigen Pflichterfüllung aller Voraussicht nach leiden muß.

Selbstvertrauen heißt: zu wissen, daß man sich trotz Fehler und Schwächen, ja, trotz tausendfacher Verfehlungen und Verirrungen, trotz immer wieder sich zeigenden Versagens der Kraft, auf dem rechten Wege befindet — zu Gott! Mit der Zeit werden freilich die Fehler und Schwächen des Menschen, der da guten Willens ist und ausdauernd sich bemüht, kaum noch merkbar sein, werden die Kräfte eines solchen Menschen wachsen.

Selbstvertrauen heißt also: immerdar guten Willens zum Edelsten in sich, zu einer Gestaltung edelsten Bewußtseins und Lebens zu sein und sich immer wieder, niemals entmutigt, zu diesem guten Willen in sich zurückzurufen. Die Abgleitungen von dem Bewußtsein dieses guten Willens werden immer weniger häufig, werden immer seltener — doch auch dies in der Zeit, — in einem Bemühen von Jahren und Jahrzehnten. Aber was gelten Jahrzehnte, was gilt auch die längste irdische Lebenszeit im Vergleiche mit der Ewigkeit, die vor *jedem* Menschen liegt.

Selbstvertrauen heißt: sich völlig in Gott geborgen wissen, von ihm behütet, gelenkt, von ihm durch seine Engel und durch die eigene ewige Seele, das eigene ewige Ich. Gott aber ist Eines in allen Engeln, in allen erlösten Menschen und alle sind Eines in Ihm.

Solches Selbstvertrauen, welches reinstes Gottvertrauen ist, erzeugt die heitere Ruhe, von der ich immer wieder spreche, die aller edlen Entfaltung der Kräfte des Leibes und Seele bleibendes Unterpfand ist — die die Sonne ist, ohne die der Garten der Kräfte des Leibes und der Seele, Blumen vergleichbar, nicht gedeihen kann. Solches Selbstvertrauen duldet keine Furcht vor der Zukunft, vor Menschen und Geschehnissen. Heitere Ruhe — ruhige Heiterkeit — heitere Stille des Herzens, der Seele, des ganzen Wesens des Menschen! Ohne alle Unruhe drängender Wünsche und Sorgen! So entfalten sich ständig, frei und in Fülle die Kräfte des Körpers in der Zeit und die Kräfte der Seele in Zeit und Ewigkeit. —

VIII. Hygiene des Gedankenlebens

Gedanken sind zollfrei?

»Gedanken sind zollfrei?« höre ich so manchen rufen, der nicht auszusprechen wagt oder nicht auszusprechen wünscht, was er denkt. Nun ist es wohl angezeigt, nicht immer auszusprechen, was man sich denkt — so wie es oft auch angezeigt ist, ja, bisweilen dringend erforderlich wäre, seine Gedanken auch in Worten kundzutun, aber dennoch sind die Gedanken nicht »zollfrei«.

Vor den Menschen können wir nämlich unsere Gedanken verbergen, — vor der Seele, vor dem Leben, vor den Gesetzen und wirkenden Kräften des Lebens nicht. —

Wenn wir denken, regen sich, wenn auch oft kaum merkbar, die Gefühle der Seele und die Empfindungen des Leibes. Steht doch alles im Leben in mehr oder weniger inniger Verbindung. Denke ich zum Beispiel an einen geliebten Menschen, so sehe ich auch schon sein Bild vor mir und fühle, wie Liebe in mir aufsteigt.

Es gibt freilich auch Gedanken, bei welchen sich das Fühlen der Seele weniger stark und, wie ich schon sagte, kaum merkbar regt. Ich erinnere nur an das wissenschaftliche Denken sowie an das Denken zum Beispiel eines Buchhalters, der Zahlen aufschreibt. Wenn ich nun als Arzt ohne Vorurteil, ohne Voreingenommenheit — völlig frei in meinem Denken von der Fesselung an Erfahrungen und Gelesenem, in meinen Bemühungen nur von Liebe und Pflichtgefühl bewegt, Pflichtgefühl zumal Gott gegenüber, jederzeit das Beste zu vollbringen — wenn ich nun als Arzt also denkend mich bemühe, dann werde ich auch meinen Kranken die größte Hilfe zu bringen vermögen, die zu bringen mir im jeweiligen Augenblick möglich ist. Ich werde vermeiden, daß ich mich Selbsttäuschungen hingebe über das Wesen der Krankheit und über den zu befolgenden Heilplan. Wenn du also verfährst im Denken über dich, deine Mitmenschen, über deine eigenen und deiner Mitmenschen Verhältnisse, über die Beziehungen, die zwischen dir und deinen Mitmenschen bestehen — in deinem Denken und Streben von Liebe und Pflichtgefühl bewegt —, dann wird dein Denken dir und deinen Mitmenschen zum Heile gereichen. Anderes Denken aber führt dich immer tiefer in das verwirrende Reich der Selbsttäuschungen hinein und du findest nur sehr schwer und mit leidvollsten Ent-täuschungen heraus, wirst, verstrickt in Selbsttäuschungen, nur sehr schwer von den Stricken derselben, die dich ganz und gar umschnüren und fesseln, frei. Denn von falschem, unrichtigem Denken wird der Verstand, der frei die Wahrheit ergründen soll, soweit dies ihm zusteht, gefesselt und ebenso die Seele, die gleichfalls auf verderbliche Abwege gezerrt wird. Durch falsches Denken wird immer wieder so manches Menschenleben zerstört — unendliches Leid über die Menschen gebracht! Dennoch verläßt die sich erbarmende geistige Welt den Menschen nicht auch auf den verschlungenen Pfaden seines Irrens.

Dabei ist zu bedenken, daß unsere Gefühle uns beim Denken gar sehr zu beeinflussen vermögen: so übersieht eine Mutter leicht die Schwächen ihres Kindes und sieht Begabungen dort, wo sie nur eben angedeutet bestehen. Damit wird sie gewiß ihrem Kinde nichts Gutes tun. Je größer unsere Liebe ist, um so mehr müssen wir uns bemühen, den geliebten Menschen zu sehen, wie er ist, und auch das Leben, in das er gestellt wird, zu sehen, wie es ist. Denn nur so können wir ganz wesentlich zum Glück des geliebten Menschen beitragen.

Ich brauche hier nicht zu erörtern, daß auch die negativen Gefühle — Haß, Neid, Mißgunst — unseren Blick für die Wahrheit verfärben, uns ein völlig falsches, entstelltes Bild von Menschen und Dingen bilden lassen — mit oft unübersehbaren Folgen an Unglück für uns und unsere Mitmenschen.

Getrieben von Wünschen dieser und jener Art »machen« sich nun die Menschen »keine Gedanken« über den Sinn des Menschenlebens und über die Wirklichkeit des Menschen. Oder sie machen sich falsche Gedanken darüber und sehen sich nur als dies vergängliche »Erdentier«. Andere aber hangen dem Glauben ihrer Kindheit an Gott und an ein ewiges Leben der Seele an, handeln jedoch nicht danach oder, besser gesagt, sie machen sich falsche Gedanken über Gott und ein Gott wohlgefälliges Leben. So geschieht es, daß die Menschen auch hier in Selbsttäuschungen verstrickt sind und sich dem Ziele ihres innersten Sehnens nur sehr langsam nähern.

Abgesehen von solchen Wirkungen des Denkens, die jeder leicht begreifen wird, hat das Denken noch andere, verborgene Folgen: die Gedanken sind nicht nur ein Vorgang im Gehirn. Du wirst es schon selbst erfahren haben, wie du und ein dir nahe stehender Mensch im selben Augenblick dasselbe gedacht haben, auch wenn es sich um Dinge handelte, die ganz ferne von dem lagen, wovon ihr eben miteinander gesprochen habt. Du kannst vielleicht aus dem, was du auch sonst gesehen, gehört oder gelesen hast, die Tatsache entnehmen: daß der Gedanke nicht auf den Raum innerhalb der knöchernen Schädelkapsel beschränkt bleibt. Denken und Fühlen strebt fort von dir ins Weite und du schaffst durch Denken und Fühlen dir eine unsichtbare Atmosphäre, die viele Menschen ganz deutlich empfinden. Auch so vermagst du durch rechtes Denken und Fühlen nicht unwesentlich zur seelischen Gesundung der Menschheit beizutragen. Denn! medizinisch ist die Menschheit schon lange nicht so gesund gewesen wie heute — verstand doch der Mensch die Schrecken der großen Seuchen wie Cholera und Pest zu bannen —, seelisch aber ist er so krank wie nie zuvor. So krank, daß viele Menschen an der Zukunft der Menschheit überhaupt verzweifeln. Aber ich sage dir: So tief diese seelische Nacht der Menschheit sein mag, so licht wird der seelische Tag sein und dieser ist bereits angebrochen. Auch dieses Buch legt Zeugnis von ihm ab und hilft, daß die Nacht bald weiche!

Noch eine weitere Wirkung hat das Denken: es ruft die Kräfte und Mächte der unsichtbaren Welten herbei und gesellt die dunklen dir zum Verhängnis, die lichten dir zu einer gewissen Hilfe, die Licht, Kraft, Befreiung, Frieden und Freude spendet.

Unser Denken hat dann außerdem noch direkten Einfluß auf unser Schicksal. Ich meine hier einen verborgenen Einfluß, nicht jenen, von welchem ich schon gesprochen habe. Es handelt sich um Wirkungen, die dem Gesetze des Ausgleichs entsprechen. Beim Denken handelt es sich um eine Tat mit den Folgen, die jede Tat nach sich zieht. Was du an guten, fruchtbaren, förderlichen, aufbauenden Gedanken hervorbringst, sind Gaben an Leben und Schicksal, für die Leben und Schicksal Gegengaben bereit halten — im inneren und äußeren Leben des Menschen. —

Wie töricht daher zu sprechen: »Gedanken sind zollfrei!« Du wirst für dein Denken, wie du siehst, Zoll entrichten — höheren Zoll als für manche »in die Augen springende« Tat. Zumal ja des Menschen Tun basiert auf dem Denken des Verstandes und auf dem mit diesem verbundenen Fühlen und Streben der Seele. —

»Nicht denken!«

Es ist lange her, viele, viele Jahre. Von Jugend auf neigte ich dazu, meine Gedanken schweifen zu lassen, das heißt, mich in Gedanken mit Fernabliegendem zu beschäftigen, nicht mit meinem Denken zu verweilen bei den Erfordernissen des jeweiligen Augenblicks. Letzteres aber verlangte unbedingt der Weg meiner seelischen Entwicklung. So bemühte ich mich denn ständig und mit Ausdauer, wenn auch lange Jahre scheinbar vergeblich, meine Gedanken zu konzentrieren. Ich wandte die verschiedensten Methoden an, die mir dienlich sein konnten und die ich mir selbst erfand.

So ließ ich mir von einem Patienten ein Bild malen: in der oberen Hälfte desselben die lichtstrahlende Sonne am wolkenlosen Himmel, darunter der Spruch »Nicht denken!« und unter diesem eine dichte Decke dunkler Wolken, die die Gedanken darstellen sollten. Die leuchtende Sonne am wolkenlosen Himmel aber sollte den zu ewigem geistigen Bewußtsein erwachten und zu ewiger seelischer Freiheit gelangten Menschen darstellen, der Herr und Meister aller Regungen der Seele und jeglicher Gedanken geworden ist.

Das Bild hing ich über der Tür meines Sprechzimmers auf. Die Patienten, die ein- und ausgingen, sahen verwundert auf zu demselben und fragten mich, was es wohl zu bedeuten habe, denn es wäre ja gar nicht möglich, überhaupt nicht zu denken. Da hatten sie auch durchaus recht. Ich erklärte ihnen, daß »Nicht denken!« hier zu bedeuten habe, sich nicht zu viel Sorgen zu machen. Mit dieser Erklärung waren sie denn auch ganz einverstanden.

Viel später, als ich mit meiner Familie an einen anderen Wirkungsort übergesiedelt war, hing ich das Bild im Wartezimmer auf. Es kam der zweite Weltkrieg, da fragten mich nur noch wenige nach der Bedeutung des Bildes. Und in den letzten Jahren des Krieges gab es auch nicht einen einzigen Patienten, der den Kopf geschüttelt und gelächelt hätte über das kuriose Bild des doch sonst ganz vernünftigen Doktors. Als aber nach Deutschlands Zusammenbruch eine noch nie dagewesene Not und zermürbendes Elend über die Menschen gekommen war, da sprachen meine Patienten einer nach dem anderen: »Wie recht haben Sie doch Herr Doktor! Ach, könnte ich mein Denken abstellen, wie man eine Maschine abstellt! Nicht denken, wie sehr wünschte ich mir das!« Auch sie meinten damit nicht, überhaupt nicht zu denken, sondern nicht immerfort denken zu müssen an eine so freudenarme Gegenwart und an eine Zukunft, die keinen Lichtschimmer von Hoffnung zu bieten vermochte. —

Wie man seine Gedanken lenken und meistern lernen kann, darüber will ich dir aus eigener Erfahrung berichten und nun fortsetzen meine Ausführungen über die

Hygiene des Gedankenlebens

»Doch rufen von drüben
die Stimmen der Geister,
die Stimmen der Meister:
versäumt nicht zu üben
die Kräfte des Guten!«
(Goethe, Symbolum)

»Wenn ein Gedanke sich regt,
folgt ihm ein anderer, dann wieder ein anderer —
ein endloser Zug von Gedanken ward so geweckt.
Durch Erleuchtung wandelt sich all dies in
Wahrheit ...«

(Aus »Zehn Bilder vom Rinderhirten« in dem Buche »Die große Befreiung, Einführung in den Zen-Buddhismus« von Dr. Suzuki, bearbeitet von Prof. Dr. Zimmer)

»Wenn ein Gedanke sich regt, folgt ihm ein anderer.« Nur wenn wir wachsam sind, merken wir dies, merken wir, *welch* ein Gedanke folgt. Daher ist das erste Gebot der rechten Hygiene des Seelenlebens: wachsam zu sein. »Wachet und betet, daß ihr nicht in Versuchung fallet, denn der Satan geht umher wie ein brüllender Löwe und sucht, wen er verschlinge.« Ein solches Wachsamsein ist hier gemeint, ein Achthaben auf seine Gedanken und Gefühle. Himmel und Hölle suchen mittels ihrer Einfluß zu gewinnen auf den Menschen, ihn zu erheben in die lichten Höhen ewiger seliger Freiheit, beziehungsweise ihn hinabzuziehen in den dumpfen, dunklen Pfuhl der Abhängigkeit von Trieben und häßlichen Gefühlen, von Furcht und Zweifel, Gram und Verzweiflung — denn auch diese gehören dem Reich der Hölle an. Des Himmels ist Zuversicht und Freude!

Deshalb ist die Hygiene des Gedankenlebens immer auch eine Hygiene des Gefühlslebens. Der Gedanke ist nur dann seelisch wirksam, wenn hinter ihm ein Gefühl oder ein Trieb steht. Und umgekehrt: wenn wir Gedanken hegen, Vorstellungsbilder uns schaffen, die Gefühlen und Trieben entsprechen, wenn wir uns ganz in sie hineinleben, ganz darin leben, des übrigen Lebens vergessend, dann schwillt Gefühl und Trieb zu einer unwiderstehlichen Macht an, die uns fortreißt und uns alle Möglichkeit des Widerstands nimmt.

Nehmen wir einmal an, es rege sich in uns ein mächtiges

Gefühl, ein starker Trieb. Wir schenken ihm Beachtung und schon ist auch Gedanke und Wunsch da. Anfangs ist es nur ein Gedankenspiel, das uns Vergnügen bereitet und unsere Wollust kitzelt. Der Gedanke gibt nun dem Gefühle, dem Trieb, die sonst richtungslos sind, ein Ziel an und faßt ihre Kräfte in einer bestimmten Form, dem Vorstellungsbild, zusammen. Wie nun das Wasser eines Flusses, zusammengefaßt, ein mächtiges Elektrizitätswerk treibt, das eine große Stadt mit Strom versorgt, zerteilt über ein flaches Land, dazu durchaus nicht imstande wäre, so gewinnen Gefühle und Triebe ihre oft zwingende Gewalt durch unser Denken, durch entsprechende Vorstellungsbilder. Lebhaft, deutlich tauchen solche auf — man kann sie fast mit den Augen sehen, mit den Händen greifen, — Gefühl — Trieb — Wunsch schwellen an zu einem Sturm, zu einer Hochflut, der nichts zu widerstehen vermag, werden zu einer rasenden, zwingenden, überwältigenden Macht und ein anfangs noch vorhandener Gegenwille bricht zusammen wie ein Kartenhaus. Auch der stärkste Gegenwille vermag nichts, wenn ihm eine solche Macht entgegentritt, die nur durch unsere Unvorsichtigkeit groß werden konnte. So wird auch ein Feuer übermächtig, das anfangs noch leicht zu löschen wäre.

Frei müssen wir unseren Gefühlen gegenüber sein, sie dürfen uns nicht binden, nicht fortreißen, frei unseren Gedanken gegenüber! Die innere heitere Ruhe sei uns alles, denn sie *ist* alles! In ihr wachsen nach unserer freien Entscheidung die edelsten Kräfte der Seele und werden stark. Wir merken sie kaum, daß sie da sind, mögen sie auch noch so mächtig sein, denn sie lassen uns frei, gedeihen in unserer Seele völligen Freiheit.

Wenn wir Gefühlen, Trieben, Wünschen nicht unser Denken als den Wagen zur Verfügung stellen, auf dem sie vorankommen, voranstürmen, in immer rasender werdender Fahrt, das Pferd, auf dem sie reiten, das Klavier, mittels dessen sie ihre Melodie zum Erschallen bringen — dann können sie nichts tun, sind sie ohnmächtig. Beobachte dich: steigt ein unerwünschtes Gefühl in dir auf, beachte es nicht, indem du ihm nicht deine Gedanken leihst, dich nicht dazu verleiten läßt, entsprechende Vorstellungsbilder zu bilden — es versiegt gar bald. Leihst du ihm aber deine Gedanken, so wird es mächtiger und mächtiger und du wirst die Gedanken nicht mehr los, bist nicht mehr ihr Herr. Und wehe dir, wenn du nicht mehr Herr in deinem Hause bist! Frei sein ist alles! Frei sein und doch voll sein strömenden Lebens und sich regender Kräfte Leibes und der Seele!

Quält dich ein Trieb, schenke ihm nicht deine Gedanken — und er bleibt ohnmächtig!

Ein Patient, der nach schwerer Kriegsverwundung eineinhalb Jahre im Lazarett lag, bekam dort wegen unerträglicher Schmerzen infolge Verletzung des größten Empfindungsnerven des Körpers täglich Morphiumeinspritzungen. So wurde er ans Morphium gewöhnt, wurde morphiumsüchtig. Ich versuchte ihn von der Sucht zu befreien, vor der ihn selbst ekelte. »Ja, Herr Doktor, ich weiß, Sie meinen es gut mit mir, aber ich habe ja so einen schwachen Willen.« Durch rechte Gedankenzucht, rechte Hygiene des Gedankenlebens, kann aber ein anfangs schwacher Wille, der einem bestimmten Ziel gilt, gekräftigt werden, so daß er schließlich siegreich wird auch gegenüber jener Sucht, gegen die von allen Süchten die Medizin am wenigsten vermag.

Das aber heißt: immer wieder dem aufsteigenden Wunsch, Verlangen, Begehren die Gefolgschaft des Denkens verweigern. Denn es ist ja das Denken, welches Gefühle, Triebe, Empfindungen, Wünsche so stark macht.

Daran nicht denken, bedeutet zugleich, an etwas anderes denken. Das will gelernt, geübt sein.

Durch solche Pflege des Denkens ist es möglich, sich von der ärgsten Sucht, von jedem Laster, jeder üblen Gewohnheit, jedem Versagen zu befreien. Du kannst, was du willst! Dein Laster, deine dir lästige Gewohnheit — des Fühlens, Begehrens, Wünschens, des Denkens, Sprechens und Tuns — kann beseitigt werden — durch unermüdliche Ausdauer in der Nichtbeachtung des zu Vermeidenden und in der Beachtung dessen, das dem Wunsche deiner innersten Seele entspricht oder ihm zum mindesten nicht widerspricht.

Pflege das in diesem Sinne Erwünschte oder Gestattete im täglichen Denken, im täglichen Leben überhaupt. Es gibt so vieles, was den in dir keimenden Interessen entspricht, du mußt nur empfindsam werden dafür. Das ganze dich umgebende Leben bietet dir die Möglichkeit der Ablenkung deines Denkens und Fühlens von dem, das dich fesselt. Die Natur, die Kunst, das Buch, Spaziergänge und Ausflüge, Leibesübungen und die Gesundheitspflege des Naturheilverfahrens können dir Hilfen sein, letztere beide, weil Leib und Seele durch das Nervensystem in innigem Zusammenhang miteinander stehen. Sodann ist Arbeit und Streben nach einem äußeren Ziel eine wichtige Möglichkeit, Denken — Empfinden — Fühlen — Wünschen zu lenken, abzulenken, auf anderes hinzulenken. Sodann der Verkehr mit deinen Mitmenschen. Es kann dir noch vieles dazu dienen, dir behilflich zu sein, dein Denken und Fühlen so zu gestalten, wie du es willst. In dem folgenden Kapitel »Formungsmittel der Seele« gehe ich näher darauf ein. Auch die gottesdienstliche Handlung ist, worauf ich schon hingewiesen habe, eine mächtige Hilfe dem, der sich aus den Niederungen der Verhaftung an Leid und Lust zu den Höhen der Freiheit und Freude in Gott hinaufschwingen will.

Denn nicht nur an Lust, — an Leid, Sorge, Zweifel und Verzweiflung kann man noch mehr verhaftet sein mit Empfinden, Fühlen, Denken und Wünschen, — und auch hier spielt rechte Hygiene des Gedankenlebens die größte Rolle. Sich zu erheben über die Niederungen des Grams! Pflege rechte Hygiene des Gedankenlebens, indem du immer wieder jene Stellen dieses Buches liest, die dir besonders gefallen, dich innerlich bewegen, freudigen Widerhall deines Innersten und befreiende Freude in dir wecken. Lasse diese Worte in dir widerklingen, bis sie zu einer siegenden Macht werden, die nun von sich aus den Gang deiner Gedanken und Gefühle bestimmt. —

Und nun wollen wir zusammenfassen, wie du die rechte Hygiene des Gedankenlebens im Alltag pflegen sollst.

Es sei wiederholt um der Wichtigkeit willen: jeder Gedanke ist mit einem Gefühl verknüpft, jedes Gefühl sucht sich als Verbündeten, als Helfer, als Verstärker seiner Kraft den Gedanken, der vor allem als Vorstellungsbild wirksam wird. Dies deswegen, weil sich die Welt unseres Bewußtseins vor allem auf der Wirksamkeit unseres wichtigsten Sinnes aufbaut, auf dem Sehen. Doch wirken bei der Gestaltung des Vorstellungsbildes auch die anderen Sinne mit: du siehst nicht nur den Menschen, der als Vorstellungsbild vor dir steht, du hörst ihn auch sprechen.

Wenn nun ein Gedanke, ein Gefühl in dir auftaucht, die nicht im Einklang stehen mit deinem innersten Fühlen, sofort entziehe ihnen deine Beachtung. Wieder und wieder mußt du es tun, und wenn du einmal, wenn du tausendmal, wenn du zehntausendmal nachgegeben hast, so darfst du doch nicht verzagen, dein ist der Sieg, wenn du beharrlich bleibst. Das Ringen um das Werden des guten, siegreichen, starken Menschen ist das Werk, wie ich schon sagte, des Mühens von Jahrzehnten. Wie schwach war ich selbst!

Allein meine Ausdauer, mein Glaube, mein Selbstvertrauen siegten — und auch in dir will ich diese Ausdauer, diesen Glauben, dieses Selbstvertrauen wecken.

Gleichzeitig wende dein Denken anderem zu, das du nicht ablehnst. Pflege in dir vor allem Gedanken des liebevollen Verständnisses für deine Mitmenschen, für ihre seelische Lage und auch für ihr Verhalten in äußeren Verhältnissen. Hilf ihnen, soweit du kannst und, wenn sie dir wehe getan haben, so verzeihe ihnen von Herzen!

Dulde in dir keinerlei Gedanken von Furcht! Du hast keinen Grund dazu. Nicht Gottesfurcht sollst du hegen und pflegen, sondern unentwegtes Vertrauen zu Gott, der dich in keinem Augenblick verläßt und dir in jedem Augenblick die Hand bietet zu neuem Glück im Außen und vor allem im Innern. Beachte nicht die Gefühle und Gedanken von Furcht und Angst! Und pflege, wie ich ständig wiederholen muß, Gedanken des Selbstvertrauens, des Gottvertrauens, die du mit Gewißheit ausgesprochen in meinen Büchern finden kannst, wie in den Büchern der Weisen, der Religionen, auch mancher Dichter.

Das gleiche gilt für Zweifel und Kleinmut: niemals und niemals darfst du verzagen, auch wenn du tausendmal, hunderttausendmal versagt hast in deinem Streben nach Edlem, in deinem Streben nach innerer und innerster Kraft. Was du aus dem Innersten mit ganzer Sehnsucht und mit der ganzen dir eben verfügbaren Kraft willst, vor allem mit Ausdauer willst — denn Ausdauer schafft Kraft! —, das wird dir gelingen, das mußt du erreichen. Meine selige Mutter pflegte zu sagen: »Nichtauslassen zwingt alles!« Ich habe mir dies zur Richtschnur werden lassen: nicht die einmalige Anwendung noch so großer Kraft hilft, sondern die Ausdauer, die Beharrlichkeit! Kümmere dich nicht um Menschenmeinung und laß nur jene Gründe der Erfahrung, des

Verstandes, des Beispiels von Menschen dir gelten, die dir den Glauben stärken an das endliche Gelingen. So wirst du unter allen Umständen zum Sieger werden: durch Wachsamkeit, Glaube, Ausdauer, Geduld.

So wirst du Herr der Gedanken — mehr und mehr. Und wenn du es nicht jeden Augenblick sein kannst, dann wirst du dich doch schon im nächsten Augenblick zu fassen wissen, so daß kein unerwünschter Gedanke, kein unerwünschtes Gefühl in dir Wurzel schlagen kann.

So wirst du aus einem Schwächling ein Mensch starken Wollens, ein Mensch reinen, edlen Strebens, Wollens und Tuns werden.

So wirst du alle Zweifel bannen, die die Tür deiner Seele verschließen wollen für das Licht aus der geistigen Welt, wirst du den Willen und das ewige Leben *Gottes* in dir wirksam werden lassen und so schon hier auf Erden *das Reich Gottes* begründen *in dir* und es begründen helfen in deinen Mitmenschen. —

IX. Hilfsmittel der Seelenformung

»Gott ist ein Gott der Lebendigen, nicht der Toten.«

Das innere Bild

Lebendig sein heißt: alle Kräfte der Seele und des Leibes befreien, der Quelle alles Lebens in uns hingegeben sein und aus diesem Innersten alle Kräfte zügeln, lenken, heißt, die Seele formen nach dem Bilde, das uns in der Ewigkeit von Gott und in Gott gegeben *ist* — ehe diese Welt wurde —, und das wir im tiefsten Grunde unseres Wesens selber sind. Dieses Bild läßt sich nur im Innersten der Seele *fühlend* erschauen und ist Gottes Wille in uns. Man kann es auch einem Samenkorn vergleichen, aus welchem der Baum des ewigen Lebens des Menschen in der geistigen Welt hervorwächst. Ein Baum, dessen eine Wurzel im irdischen Erleben des Menschen Nahrung sucht. Was aber dem Baum Form und Leben gibt: ist ein ewig unsichtbarer Keim.

Dieses Bild, dieses Samenkorn, dieser Keim ist auch einem Plane vergleichbar, nach dem Gott das Bauwerk des ewigen geistigen Lebens in uns baut, ein Bauwerk, das an Schönheit, Formenreichtum und Größe ständig zunimmt und immer heller durchstrahlt wird vom Lichte Gottes, aus welchem es auch besteht.

»*Dein Wille geschehe wie im Himmel also auch auf Erden*« bedeutet, daß sich auch unser irdisches Streben, Denken, Fühlen und Tun nach diesem Bilde forme. Diesem Streben dienen auch einige

Hilfsmittel der Seelenformung,

die sich mir bewährt haben und die ich selbst entdeckte, beziehungsweise erfand.

Wohl das bedeutsamste Hilfsmittel der Seelenformung ist, wie ich ausführlich dargelegt habe, die richtig geübte Hygiene des Gedankenlebens.

Dem Empfänglichen aber wird das ganze Leben, in das er gestellt ist, zum Mittel der Seelenformung. Im Kapitel »Die Pflege der Freude« habe ich auf Vieles schon hingewiesen. Der Mensch kann seine Umgebung, die ständig Einfluß nimmt auf seine Seele, vielfach selbst bestimmen, so zum Beispiel, indem er seinen Wohnraum seinem Empfinden gemäß gestaltet, und sei es auch mit einfachsten Mitteln. Indem er einen Spaziergang in der Natur unternimmt, ein geeignetes Buch liest und jene Kunst auf sich wirken läßt, die der gewünschten Beeinflussung, Formung seiner Seele förderlich ist.

Vielfach aber bleibt ihm keine Wahl, wie bei der Berufsarbeit. Und doch kann auch diese ihm als mächtiges Hilfsmittel der Seelenformung dienen, worauf ich ja auch schon hingewiesen habe. Ja, wenn wir selbst eine uns unangenehme Arbeit lieben lernen, sie lieben lernen aus unserem Willen heraus, Herr unserer Empfindungen zu werden, indem *wir* bestimmen, was wir wählen und tun, nicht *sie*, dann wird diese Arbeit uns ein Weg zur inneren Freiheit und damit zur Freude sowie eine Quelle sich mehrender Kraft. Es kommt also nicht nur auf unsere Umgebung, nicht nur auf das Leben an, in das wir gestellt sind, sondern mehr noch auf unsere Einstellung dazu. Zur Formung der Seele beachten wir beides: wir wählen unsere Umgebung, Ort und Art unseres äußeren Erlebens, soweit dies uns möglich ist, und zugleich stimmen wir unsere Seele für dieses Erleben, ob von uns frei gewählt oder durch die Umstände des Lebens uns aufgenötigt. Auf daß auch aus der Not uns ewige Freude blühe. —

Nun aber will ich einige Hinweise geben, welcher Hilfsmittel der Seelenformung ich mich bediente, um die Kräfte meiner Seele meistern und sie allezeit einstellen zu lernen in den Dienst am Ewigen.

Im Kapitel »Seelenheilkundliche Übungen« meines Büchleins »Heilwege der Seele« habe ich schon diesbezügliche Ratschläge gegeben. Auf das Kapitel »Das Gebet als Heilweg der Seele« des gleichen Büchleins weise ich besonders hin: denn ungeahnt viel Hilfe und Kraft kann den Menschen werden durch rechtes Gebet! —

Wie ich schon im Kapitel »Hygiene des Gedankenlebens« im Abschnitt »Nicht denken!« ausgeführt habe, mußte ich mich sehr und durch lange Zeit bemühen, meine Gedanken

»in die Hand zu bekommen«: sie sollten mir einerseits allezeit gehorsam sein und mir anderseits die Stille nicht stören, in der Gottes und seiner Engel Wort und Leben sich dem Menschen offenbart.

So ließ ich mir von einem Goldschmied ein goldenes »K« anfertigen, das ich noch heute — seit vielen Jahren! — an einem goldenen Kettchen auf meiner Brust trage, auf daß es mich gemahne an die »Konzentration«, an die Sammlung meiner Gedanken. Damit meine Gedanken »konzentriert« auf das Erleben des jeweiligen Augenblicks eingestellt seien und mit ihnen das Fühlen meiner Seele, das Empfinden meines Leibes und die Tätigkeit meiner Körpersinne, samt aller Kraft und allem Können.

Sodann ein goldenes »H«: hart zu werden, gegen bestimmte Regungen des Leibes und der Seele einerseits, wie gegen manche Anregungen und Wünsche meiner Mitmenschen anderseits. Denn ich war früher sehr leicht beeinflußbar, viel zu nachgiebig und besaß nicht die Kraft, fest zu bleiben in eigenem Erkennen und Wollen. —

Hilfsmittel zur Pflege der inneren Ruhe

Einen Patienten, der sehr von innerer Unruhe und Hast sowie von Gefühlen der Angst und Furcht geplagt wurde, empfahl ich, sich einen Spazierstock zu kaufen und am Griffe desselben einen Einschnitt anzubringen. Wenn er diesen fühle, solle er sich gemahnt fühlen, innere Ruhe zu empfinden.

Ich empfahl ihm auch, sich ein goldenes »R« zu besorgen und es auf der Brust zu tragen, wie ich es tat mit den Buchstaben »K« und »H«.

Sodann sollte er ein auf ein Stück steifen Papiers geschriebenes »R« an der Innenseite seines Hutes tragen, unter dem

Lederstreifen versteckt, der den Hut innen umkleidet.

Ihm wie auch anderen Patienten riet ich, ein »R«, auf Papier geschrieben, in der linken Rocktasche über dem Herzen zu tragen. Ich riet ihm ferner, ein »R« auf die erste Seite eines Buches zu schreiben, das er, ein tüchtiger und erfolgreicher Geschäftsmann, täglich aufschlagen mußte.

Auch empfiehlt es sich, solch ein »R« als Lesezeichen in ein Buch, dessen Inhalt sehr zu deiner Seele spricht, zu legen und dieses Buch in nächster Nähe deines Bettes aufzubewahren, damit es dir letzte Mahnung, die dann weiterschwingt in Hirn und Seele, sei es für die Nacht und erste Mahnung für das neue Tagewerk.

Ein Ähnliches kannst du tun mit Worten und Sprüchen, wenn du eine bestimmte Seelenkraft in dir pflegen, einen bestimmten Seelenzustand in dir schaffen und verstärken willst.

In dem Abschnitt »Seelenheilkundliche Übungen« meines Büchleins »Heilwege der Seele« erwähnte ich, was ich dort als »Magie des Essens« bezeichnet habe. Erfühle beim Essen, wie du mit Speise und Trank himmlische Ruhe in dich aufnimmst. Sprich dabei innerlich: »Ruhe nehme ich in mich auf. Himmlische, gläubige, freudige, lebenspendende Ruhe esse ich, trinke ich.« Wenn du darin geübt bist, vermagst du dies zu tun, auch wenn die Menschen beim Essen und Trinken zu dir reden, was übrigens eine große Unart ist. Es ist auch der Gesundheit des Leibes durchaus nicht zuträglich, beim Essen und Trinken zu sprechen, die Speisen halb gekaut, nur auf die Reden anderer achtend, und, ohne der feinen Geschmacksempfindungen inne zu werden, hinunterzuschlingen. Auch beim Essen und Trinken sei man ganz dabei, wie beim Erleben jedes Augenblicks! Das ist »Religion des Alltags«, ist wahrer Gottesdienst!

Ebenso kannst du verfahren, wenn du die göttliche Seelenkraft der Liebe oder eine andere Seelenkraft in dir verstärken willst. Ja, wenn du willst, daß Gott mit seinen Engeln in dich, in Seele und Leib, eingehe und so dir sich vereine — vergleichbar der »heiligen Kommunion«, »heiligen Vereinigung« der katholischen, »dem Abendmahl« der evangelischen Kirche.

Bist du im Lärm der Menschen und will deren Unruhe und Hast auch dich überkommen, dann sprich innerlich, ohne die Lippen zu bewegen, laß in dir erklingen wieder und wieder die Worte: »Ruhe, Ruhe, Ruhe«, oder: »Ruhe kehrt in mich ein«. Erfühle, wie Ruhe dich erfüllt, Ruhe dich umgibt — und wie das Wogen und Drängen der Massen oder das unruhevolle Gebaren eines einzelnen Menschen nur ein wesenloses, rasch vorüberziehendes Bild ist. Denn das Wirkliche, das Wesentliche ist allein Gott und *Gott ist die Ruhe. Du selbst bist die Ruhe,* da du in Gott wurzelst, da du als ewiger Geistesmensch in *völliger Einheit mit Gott* dich erlebst — magst du dies auch jetzt noch nicht bewußt empfinden. —

Bilder und Sprüche

Wenn du meinen ärztlichen Warteraum betrittst, wirst du manches Bild, manchen Spruch dort angebracht finden. Ebenso, wenn du in mein Sprechzimmer kommst. Zum Teil stellen die Bilder Landschaften dar, die beruhigend und erhebend auf die Seele wirken, zum größeren Teil — namentlich in meinem Sprechzimmer — das religiöse Geschehen in der Seele, in welchem Gott sich dem Menschen schenkt, in welchem Gott durch die Kraft der Liebe im Menschen zum Erwachen kommt. Andere Bilder stellen in anderer

Form symbolisch das Geheimnis des göttlichen Lebens im Menschen dar, die Geburt Gottes im Menschen, das Erwachen des Menschen zum Bewußtsein seines ewigen Lebens. Solche Bilder schenkte mir ein Freund, der für die Darstellung solch tief-innerlichen Geschehens begabteste Maler dieser Tage, den ich zur Zeit kenne, ein feinsinniger Künstler — Drogist von Beruf! O, wie hast du, ewiger Gott, in nüchternem Alltagsgewande verborgen dein göttliches Leben und heiliges Können! Was wissen die oberflächlichen Menschen von dem Geheimnis ewigen göttlichen Lebens, das in einzelnen Menschen wirksam, in anderen bewußt geworden, in seltenen zu bewußter Vollendung gelangt ist! Wer mich kennenlernt, der findet ja nur einen gütigen Menschen, der eine ungemein wohltuende Ruhe ausstrahlt — niemand ahnt, daß ich bewußt lebe der Vereinigung mit Gott und allen seinen Engeln.

Gar mancher Spruch findet sich bei mir. Was du an Bildern und Sprüchen in meinem Warteraum findest, ist mehr für die Patienten bestimmt, die Ausschmückung des Sprechzimmers mehr für mich. Dort habe ich auch Sprüche und Bilder, die mein ärztliches Wirken betreffen, wie die Bilder von Paracelsus, Hahnemann und Pfarrer Kneipp, habe ich Sprüche, wie den Spruch von Paracelsus: »Die Kranken sollen sein Buch sein.« Auch religiöse Bücher liegen an bestimmter Stelle, um mich mitten im ärztlichen Wirken ans Unvergängliche zu gemahnen, wie ja auch inmitten meines Schreibtisches das Bild eines Weisen und gottbewußten Menschen steht.

So gemahnen mich Bilder und Sprüche an die rechte Ausübung der Heilkunst einerseits, wie an die Pflege göttlichen Bewußtseins anderseits, die ja auch jedes Wort bewegt, das ich zu meinen Patienten spreche, die ich übe beim Betrachten, Betasten und Abhorchen derselben, wie beim Schreiben jedes Rezeptes zur Behebung körperlicher Gebrechen, — ja selbst beim Ausfüllen der nüchternsten Formulare. —

Daß sich auch in anderen Zimmern meines Wohnhauses Bilder und Sprüche als Hilfsmittel der Seelenformung finden, wirst du als selbstverständlich finden. Die erhebendsten Bilder und die mir heiligsten Bücher, die ich kennen und schätzen gelernt habe und die handeln vom »Weg zu Gott« und vom bewußten Leben Gottes im Menschen, finden sich in unserem Schlafzimmer, über den Ehebetten, beziehungsweise in nächster Nähe derselben. Doch ist mein schönstes Bild, von keinem Maler gemalt — auch nicht in fernvergangenen Tagen des östlichen Asiens — mein zweieinhalbjähriges Mädelchen, dessen Bettchen vor unseren Ehebetten steht:

»Lasset die Kindlein zu mir kommen, denn ihrer ist das Himmelreich.« —

Fast scheue ich mich, zu dir von so intimen persönlichen Verhältnissen gesprochen zu haben. Fast ist es mir wehe ums Herz, daß ich es tat. Aber ich tat es ausschließlich aus Liebe zum Ewigen in dir — dem all mein Leben und Atmen auf dieser Erde gilt. —

So schmücke denn auch du dein Heim — und wenn es ein enges, kleines Zimmerchen wäre — mit einem Bild, das dich erhebt und befreit, mit einem Spruch, der dich innig und stark bewegt. Du findest manchen Satz in meinen Büchern, der dir dazu dienen kann. Und ich selbst habe mir geeignete Sprüche in schöner Schrift schreiben lassen und dann an geeigneter Stelle angebracht — im Berufsraum, in der Wohnung, in dem Raum der ehelichen und elterlichen Liebe. Bist du aber ledigen Standes, dann wisse, daß du zur Nachtzeit, zur Schlafenszeit, Leib und Seele den Engeln Gottes anvertrauen sollst, auf daß sie den Leib behüten und die Seele erleuchten, befreien und stärken. —

»Wie das? Mittels der Schrift sollen wir unsere Seele formen können? Wie ist das zu verstehen? Wie ist das denn möglich?« Nun, es gibt noch viele andere Möglichkeiten, deine Seele zu formen, und du wirst manche, die ich hier nicht angeführt habe, dir selbst entdecken können. Es ist besser, du schweigst anderen gegenüber davon, wie du deiner Seele Leben pflegst, ausgenommen Menschen, Freunden, die sich in gleicher Weise bemühen wie du selbst. Denn die Menschen werden nur über dich lachen und spotten, ihr Interesse gilt ja anderem: in erster Linie dem Geldverdienen, denn »Geld regiert die Welt!« Sie suchen irdische Genüsse und sind doch so armselig daran, denn nur, wer seine Seele formt nach dem Willen Gottes in sich, wird frei und Herr und Meister seiner Seelenkräfte, und nur der Freie kennt Frieden und Glück. — Es sind mehr als 20 Jahre her, daß ich damit begann, aus der Handschrift auf den »Charakter« eines Menschen schließen zu lernen. Da entdeckte ich denn gar manche Fehler und Schwächen bei mir selber, die ich dann abstellen gelernt habe. Nachdem ich das Wesentliche der »Schriftdeutung« erkannt hatte, wandte sich mein Interesse anderem zu — und heute ist der Blick meiner Seele ausschließlich auf das *»Erleben des Ewigen«* gerichtet. Ich kann dir hier an dieser Stelle nur sagen, daß mir die Beurteilung der Handschrift gute Dienste geleistet hat für die Erkenntnis des Charakters eines Menschen. So entlarvte sich mir ein raffinierter internationaler Hochstapler durch einen einzigen Blick auf seine Handschrift. Hingegen ist es ganz und gar unmöglich, des Menschen Innerstes zu erkennen, so zum Beispiel, ob er auf seinem Wege zum bewußten Erleben Gottes schon weit fortgeschritten sei. Der innerste Wert eines Menschen ist an keinem äußeren Zeichen erkennbar. Vielleicht sagt der Gesichtsausdruck, namentlich der Ausdruck der Augen, des »Spiegels der Seele«, noch am meisten.

Daß die Schrift ein Ausdruck der jeweiligen Seelenverfassung ist, kannst du leicht an deiner eigenen Schrift ersehen: schreibe in Unruhe und Hast und deine Schrift sieht ganz anders aus, als wenn du in völliger innerer Ruhe schreibst. Das gleiche gilt für die Seelenverfassung der Hoffnung, der leicht beschwingenden, lösenden, Kräfte befreienden, erhebenden Freude, beziehungsweise für Trauer und Gram, Kummer, Sorge, ja, Hoffnungslosigkeit. So ist ja auch der Gesichtsausdruck, ist deine Körperhaltung, sind deine Bewegungen völlig andere, je nachdem Freude dich belebt oder Leid dich hemmt oder lähmt. Die Schrift aber ist festgelegte Körperbewegung, nämlich solche deiner schreibenden Hand.

Sieh dich im Spiegel an und lache: und gleich gleitet die drückende Schwere eines Kummers wenigstens vorübergehend von dir ab. Recke deinen Körper und sprich zu dir »Kopf hoch!« und Lebensmut durchpulst Seele und Leib.

So wirkt Innen auf Außen und Außen auf Innen und so können wir vom Außen auf das Innere Einfluß nehmen.

Auf Grund langer Erfahrung kann ich dir empfehlen — wenn du diese Schrifteigentümlichkeit noch nicht besitzest —, die Kleinbuchstaben, wie »m« und »n« so zu schreiben, daß die Buchstaben oben in Spitzen und unten in Bögen auslaufen. Der nach oben offene Bogen ist, wie wenn man die Arme ausbreitet und Gott und das Leben in sich aufnimmt — nicht nur das innere, sondern auch das äußere Leben. Das befreit auch die Kräfte, die bei der überwölbenden Schrift, mit den Bögen oben, zurückgehalten werden.

Der kräftige Abstrich bedeutet Kraft, Willenskraft und

Gefühlsstärke, er entwickelt Kraft, verbraucht aber auch Kraft. Die druckschwache Schrift anderseits formt die Seele, formt Denken und Tun, im Sinne von »Beweglichkeit«, »Rührigkeit«, »Anpassungsgabe« (Nach Klages, Handschrift und Charakter).

Eine große Schrift ist der Ausdruck von »Begeisterungsvermögen«, »Großzügigkeit«, »Tatendrang«, aber auch von »Stolz«, sie ist Ausdruck der Eigenschaft, sich leicht Illusionen zu machen, und damit Ausdruck des »Mangels an Wirklichkeitssinn« sowie des »Mangels an Konzentrationsvermögen«, Ausdruck des »berechtigten Stolzes« wie des »Hochmuts« und des »Dünkels«. Kleine Schrift bedeutet umgekehrt: »Wirklichkeitssinn«, »Besonnenheit«, »Gründlichkeit«, »Konzentrationsvermögen«, »Bescheidenheit« und »Anspruchslosigkeit«, wie anderseits »Engherzigkeit«, »Kleinlichkeit«, »Kleinmut« und »Selbstzweifel«.

Dem Menschen guten Willens zur edlen Formung der Seele werden sich bei bewußter Schriftgestaltung die positiven Seelenformen entwickeln.

Eine weite Schrift besagt: »Strebsamkeit«, »Zwanglosigkeit«, »Frische«, »Beweglichkeit« oder »Ungeduld«, »Unbeherrschtheit«, »Unkonzentriertheit«. Eine enge Schrift kann »Selbstbeherrschung«, kann aber auch »Zaghaftigkeit« bedeuten.

Es wäre noch manches zu sagen. Der Interessent findet alles Nähere und Weitere in dem schon erwähnten Werke von Ludwig Klages: »Handschrift und Charakter«.

Nur auf eines sei noch verwiesen. Auf das genaue Setzen der Oberzeichen, insbesondere der in der Schrift häufig vorkommenden i-Punkte, ist besonders zu achten: um sich anzueignen Zurückhalten der Kraft für das ruhevolle Verweilen im Augenblick und für die genaue Ausführung der jeweils zu leistenden Arbeit.

Damit habe ich auf das Wichtigste hingewiesen, was zu beachten ist, willst du durch bewußte Gestaltung deiner Handschrift deine Seele formen. Mir selbst war dieses Verfahren von großem Nutzen, und ich will dir nicht vorenthalten, was ich als nützlich, ja, als wertvoll gefunden habe, bei meinem Streben, meine eigene Seele zu formen. Du wirst auch vieles selbst entdecken, wenn du auf dich und deine Schrift achten lernst, und wirst so auch in der bewußten Schriftgestaltung schätzen lernen ein Hilfsmittel der Seelenformung. —

X. Schicksalsmächte und Schicksalswende

Wesen und Wege des Schicksals

Was verstehen wir unter Schicksal? Verschiedenes. Wenn wir sagen: »Das ist eben unser Schicksal«, so meinen wir eine Lage, in die ein Mensch gekommen ist durch ein Geschehen, das ihn überfiel und das er nicht voraussehen konnte. Meist handelt es sich um ein leidvolles Geschehen, wenn wir so sprechen. Religiös eingestellte Menschen sehen in Gott den Lenker des Schicksals, das er verhängt, um, wie man meint, den Menschen zu prüfen und ihn zu »läutern« fürs Himmelreich. Die Religionen des Ostens anderseits erkennen im Schicksal das Walten des unerbittlichen Gesetzes von Ursache und Wirkung und im Glück oder Unglück, das einem Menschen im Leben zuteil wird, die Folge seines Tuns und Lassens in früheren Leben, die er auf dieser Erde schon gelebt haben soll. Indessen kehrt — wie ein Seher uns lehrt — der Mensch *nicht wieder,* wenn er von dieser Erde scheidet. Wohl aber gehen die Seelenkräfte, die in ihm nicht zur Ruhe und zur Einung mit Gottes Willen gekommen sind, in andere Menschen über, die auf dieser Erde geboren werden.

Menschen, die sich selbst als Zufallsgebilde ansehen, meinen, daß auch das Schicksal, das einen Menschen trifft, nur Zufall ist. Des Menschen Leben sei ein Lotteriespiel: der eine Mensch ziehe eine Niete, der andere einen Treffer.

Vielfach verstehen wir unter dem Schicksal eines Menschen sein Leben überhaupt. So sagen wir: »Er ist ja selbst schuld an seinem Schicksal.« Und meinen damit, daß der Mensch selbst sich in seine mißliche Lage gebracht hat.

Beides, das Unvorhergesehene und das Vorauszusehende und so Vermeidbare, wollen wir unter Schicksal verstanden wissen — das ganze Leben eines Menschen, einschließlich seiner körperlichen und seelischen Anlagen und Eigenschaften.

Wenn aber ein Mensch in eine bestimmte Familie geboren wird, wenn ihm ein großes äußeres Glück oder Unglück zuteil wird, »für das er nichts kann« und bei welchem er beim besten Willen nicht entdecken kann, daß er es »verdient« hätte, so muß entweder Zufall angenommen werden oder verborgene Ursache.

Zufall ist auszuschließen. Der »Sündenfall«, der Weg, den der Mensch genommen hat aus seiner lichten Heimat in diese dunkle Erdenwelt, hat jenes besondere Schicksal zur Folge, das ihn »trifft« und das er in seinem Erdenleben nicht verursachen konnte.

Gott aber will den Menschen nicht mit Leid prüfen und damit läutern: *Gott ist die Freude und will auch nur des Menschen Freude — stets, überall und unmittelbar.* Beim Schicksal aber handelt es sich um das Walten eines unerbittlichen Gesetzes. Doch sei dessen gewiß, daß dir die lichten Mächte des Himmels, die Engel Gottes, beistehen auf deinem Wege durch manchmal bitteres Schicksal hindurch zurück zu Ihnen, zu Gott, zu Dir Selbst in Gott, zurück in deine ewige Heimat.

Damit du von dem, was dir am Leben begegnet, richtigen Gebrauch machst und dir davon solche Vorstellungen bildest, die dir auf deinem Wege zum ewigen Heil der Seele, zu deinem ewigen Glück, förderlich sind, darum schreibe ich dieses und die folgenden Kapitel.

Dann wird sich die Not des *trüben* Schicksals wenden. Und ein *glückliches* Schicksal wird dir Weg werden zum wahren Glück der Seele — zu ewigem Frieden und ewiger Freude in Gott. —

Sternenmacht und Menschenschicksal

»Wie an dem Tag, der dich der Welt verliehen,
Die Sonne stand zum Gruße der Planeten,
Bist alsobald und fort und fort gediehen
Nach dem Gesetz, wonach du angetreten.
So mußt du sein, dir kannst du nicht entfliehen,
So sagten schon Sibyllen, so Propheten;
Und keine Zeit und keine Macht zerstückelt
Geprägte Form, die lebend sich entwickelt.«
(Goethe, Urworte)

Schon kurz nach dem ersten Weltkrieg, als ich eben mit dem Studium der Medizin begonnen hatte, kam ich in Fühlung mit der Astrologie. Mein Jugendfreund und Studiengenosse, mein Weggefährte bei meinem Suchen nach des Menschen unsterblichem Wesen, machte mich und andere Studienkollegen mit der Astrologie bekannt.

Seitdem riß mein Interesse an dieser uralten Wissenschaft — denn eine solche ist es und kein Aberglauben — nicht ab. Allein ich fand keine Zeit dazu, mich hineinzuvertiefen. Und anderseits galt mein innigstes Streben der Suche nach der Wahrheit von Mensch und Welt. In meiner Schrift: »Mein Weg — zu Gott!« berichte ich davon, wie mir die Erkenntnis der »Wahrheit« zuteil wurde — die nichts anderes ist als: das Erwachen zum ewigen Selbstbewußtsein in Vereinigung mit der ganzen geistigen Welt, mit Gott und seinen Engeln. Ich habe einen alten Mann in Behandlung, der durch grauen Star völlig erblindet war. Der Augenarzt operierte ihn und so gewann er das Augenlicht wieder. Welche Freude erfüllte ihn! Vor undenklicher Zeit warst auch du sehend und sahst Gott, seine Engel und dich selbst als Engel in unvorstellbarem Lichtesglanze. Wie wirst du dich freuen, wenn du wieder sehend wirst, wenn dir das Sehen deiner ewigen Seele, das Sehen deines ewigen geistigen Leibes, Wesens und Lebens wieder zuteil wird! Es ist ein völlig anderes Sehen als das Sehen mit irdischen Augen. Mit einem einzigen ewigen Blick erkennst du, der du dich dann als unendlich groß — weil vereinigt mit Gott dem unendlichen! — siehst, empfindest, erlebst, mit einem einzigen Blick erkennst du dann alles in dir Selbst. Unaussprechlich wird deine Freude sein!

Nun zurück zur Astrologie. Ich muß aber immer wieder auf das »Erleben des Ewigen« zu sprechen kommen, immer wieder auf dieses als dein Ziel hinweisen — denn nur zu leicht neigt der Mensch dazu, in diesem Wirklichsten von allem Wirklichen ein Nichtiges zu sehen, zu meinen, daß es nur ein Fühlen sei oder gar nur ein Gedanke. Ist etwa die Sonne oben nur ein Fühlen oder ein Gedanke? Ohne die Sonne wärest du nicht am Leben hier auf dieser Erde. Aber die Sonne wird vergehen, das Ewigwirkliche, die Ursache aller Sonnen, kennt wohl Bewegung und Wachstum in sich selbst, doch niemals Wandel seines Wesens geschweige denn Vergang.

Zurück zur Astrologie. Erst viel später, nachdem ich das erste Mal Fühlung genommen hatte mit ihr, entschloß ich mich zum gründlichen Studium derselben. Viel Mühe und Zeit wandte ich dafür auf. Ich lernte Horoskope aufstellen und dieselben deuten. So kam ich zu eigenem Urteil und kann nun aus vorurteilsloser Erfahrung sprechen.

Vor allem wirst du fragen: »Wie ist es denn möglich, daß die so weit entfernten Sterne Einfluß haben können auf das ganze Leben des Menschen?« Nun in der Astrologie gibt es zwei Anschauungen über den Zusammenhang des Schicksals mit dem Stande der Gestirne, eines Zusammenhangs, den die Erfahrung von Jahrtausenden bestätigt. Die eine Deutung nimmt die Sterne — Sonne und Planeten — selbst als Träger von Kräften an, die des Menschen Schicksal mehr oder weniger stark bestimmen. Die zweite Deutung besagt: die Sterne selbst sind es nicht, denen diese Wirkung zuzuschreiben ist, vielmehr können wir am Stand der Gestirne zueinander sowie in ihrem Stand im »Tierkreis«, einem bestimmten Gebiete des Himmelsraumes, lediglich die Art und Stärke von Kräften ablesen, deren Wirksamkeit von der Erfahrung bestätigt wird. Diese letztere Deutung ist die weitaus wahrscheinlichere.

Der Ursprung der Astrologie ist in vorgeschichtlichen Zeiten zu suchen, da besonders befähigte Menschen Kräfte der Wahrnehmung, des Erkennens und eine so hervorragende Beobachtungsgabe besaßen, wie wir sie uns heute gar nicht vorstellen können. In jenen fernen Zeiten hatte die Astrologie ihre Blütezeit, sie war damals die wichtigste Wissenschaft, eine Wissenschaft, die das Leben der Einzelnen wie ganzer Staaten regelte und die auf sicheren Fundamenten ruhte. Nur Bruchstücke haben sich, wie man annimmt, in das geschichtliche Altertum hinübergerettet. Es wird die Aufgabe der Zukunft sein, die Astrologie wieder zu einer Wissenschaft zu machen, deren Deutungen als völlig zuverlässig anzusehen sind und die den Menschen für eine glückliche Gestaltung ihres Erdenlebens zu wahrem Segen gereichen können.

Hunderttausende, Millionen Menschen beschäftigen sich heute mit der Astrologie und suchen ihren Rat, auch wenn sie nur jene Angaben lesen, die sich auf den Tag ihrer Geburt beziehen, ganz allgemein gehalten sind und sich sowohl in kleinen Schriften wie in mehr oder weniger umfangreichen Büchern finden. Solche Angaben enthalten freilich immer ein Körnchen Wahrheit und werden um dessentwillen von vielen gelesen. Da sie aber gar manches enthalten, das für die betreffende Person durchaus nicht zutrifft, schaden sie dem Ruf der Astrologie mehr, als sie ihm nützen. Denn ein verläßliches Horoskop läßt sich nur aufstellen, wenn die bis auf Minuten, möglichst bis auf die Minute genaue Geburtszeit sowie der Geburtsort bekannt ist. Und nur ein erfahrener und entsprechend begabter Astrolog kann dem ratsuchenden Menschen jene Hilfe gewähren, jene Aufklärung geben, die nach dem Stande unseres gegenwärtigen Erfahrungswissens möglich ist. Was da nun gesagt werden kann, wird jeden vorurteilslosen Menschen richtig verblüffen. Denn es handelt sich um bestimmte und durchaus zutreffende Angaben.

Der erfahrene und gewissenhafte Astrologe wird aber nur darüber Aussagen machen, wofür er die Verläßlichkeit astrologischen Erkennens durch die Erfahrung bestätigt gefunden hat. Seine Angaben werden vielfach vorsichtig gehalten sein. Denn bei der Bildung von Charakter und Schicksal eines Menschen mit seinen Begabungen und Neigungen, seinen Vorzügen und Mängeln spielen die astrologisch erkannten Einflüsse eine wohl bedeutsame, doch nicht ausschließliche Rolle.

So kommen wir zur ersten Feststellung: Eigenschaften des Charakters und der Begabung lassen sich mit auffallender Genauigkeit erkennen und so lassen sich in dieser Hinsicht wertvolle Ratschläge erteilen. Aber auch bezüglich Beruf und Ehe sowie über vieles andere können ganz beachtliche Aussagen gemacht werden. Ich erinnere mich da an verschiedene Horoskope von Ehepartnern und habe, wie alle erfahrenen Astrologen, gefunden, daß immer mehr oder weniger enge Beziehungen zwischen den beiden Horoskopen bestehen. Man gewinnt den Eindruck, daß die in Frage kommenden Kräfte und die dadurch bedingte seelische Abgestimmtheit des einen Menschen auf den anderen die beiden Menschen gleichsam magnetisch zueinander ziehen. Aber auch Glück und Schwierigkeiten in der Ehe lassen sich mit ziemlicher Sicherheit aus dem Horoskop ersehen. So kenne ich eine Familie seit Jahren. Die Ehe macht einen harmonischen Eindruck und machte ihn Jahre hindurch auch auf mich. Ein Blick auf die beiderseitigen Horoskope ließ mich aber erhebliche Schwierigkeiten in der Ehe vermuten, die mir dann auch von den erstaunten Eheleuten voll und ganz bestätigt wurden.

Die bei der Geburt festgelegten Einflüsse bestehen fürs ganze Leben. Bestimmte Einflüsse machen sich jedoch in der Jugend, andere in der späteren Lebenszeit mehr geltend.

Hingegen ist es der Astrologie, wenigstens nach dem Stande ihres derzeitigen Wissens, nicht möglich, präzise Voraussagen für die Zukunft zu machen.

Auch sind die Angaben über die leibliche Gesundheit bei dem einen Menschen sehr, bei vielen anderen Menschen weniger zutreffend. Ich nehme an, daß die in Frage kommenden Einflüsse, was den Leib betrifft, bei einem empfindlichen Nervensystem stärker wirksam werden, als bei einem weniger empfindlichen. Ja, ich nehme an, daß sich der Einfluß nicht einmal auf das Nervensystem direkt erstreckt, sondern auf einen im sichtbaren Körper verborgenen unsichtbaren feinstofflichen Organismus.

Vor einiger Zeit erkrankte ich ernstlich an der Verschlimmerung eines alten Leidens und mußte für Wochen das Bett hüten. Meine Frau sagte: »Sieh doch mal in deinem Horoskop nach!« Ich tat dies und fand für die Gesundheit ausgesprochen ungünstige »Konstellationen«, Gestirnstände. Wäre ich nicht nachlässig gewesen und hätte ich mein Kennen und Können weise genützt, so hätte ich gewisse Vorsichtsmaßnahmen beachtet und so mir und meiner Familie viel Kummer ersparen können.

Warum ich auf die Astrologie näher eingegangen bin? Weil, wie ich schon erwähnt habe, viele Menschen bei ihr Rat und Hilfe suchen und weil, wie mit Sicherheit anzunehmen ist, die Zahl derer, die sich für Astrologie interessieren, ständig wachsen wird. Denn die Menschen fühlen innerlich, daß ein Unsichtbares das Sichtbare bestimmt. Und dann hat unsere offizielle Zivilisation gründlich versagt. Die Menschen suchen nach Erkenntnissen, die zu wahrem Glück und wahrem, auch äußeren, Frieden führen.

Der Mensch aber hat die Macht, die ihm im Augenblick seiner Geburt für sein weiteres Leben auf dieser Erde gegebenen Möglichkeiten weise zu nützen. Er benütze denn alles, was ihn vor Leid bewahren kann, was der Entfaltung seiner Kräfte und aller ersprießlichen Neigungen förderlich sein kann, was zu äußerem wie innerem Gelingen und Glück beizutragen vermag.

Die Sterne sind gewiß nicht dein unabänderliches Schicksal. Du kannst durch rechte Hygiene des Seelenlebens deinen Charakter nach deinem »inneren Bilde« formen, freilich mit Benützung und unter Beachtung der dir verliehenen Kräfte und Möglichkeiten. Du kannst Fehler vergehen lassen, erwünschte Kräfte und Fähigkeiten aber pflegen und entwickeln. Du wirst dir und deinen Mitmenschen Leid ersparen, wenn du das weise beachtest, was ein deines Vertrauens würdiger Astrolog über die Beziehungen sagt, die zwischen dir und deinen Mitmenschen bestehen und die unter dem Einflusse von Kräften stehen, die wohl geneigt machen aber nicht unwiderstehlich zwingen. Gemäß dem Spruche der Astrologie: »Astra inclinant, non necessitant = Die Sterne machen geneigt, aber sie zwingen nicht.«

Bedenke, daß es für dein inneres Glück, zu einem großen Teil aber auch für äußeres Gelingen auf deine Einstellung zu Menschen und Dingen ankommt — den einen macht ein Sonnenstrahl glücklich, den anderen nicht der Reichtum der ganzen Welt.

Und doch sollst du auch alles beachten, was dir zu äußerem Glück und Gelingen beizutragen vermag. Vermeide das zu Vermeidende und Vermeidbare! Vermeide irdisches Leid dir und deinen Mitmenschen, wo du nur kannst! Wo du dies aber bei allem Streben und Bemühen nicht vermagst, da lerne es tragen mit innerer Heiterkeit, mit Geduld, mit Vertrauen auf und aus Liebe zu Gott, der dir dazu die innere Kraft geben wird. Dann wird letzten Endes auch das Leid dir zum Wachstum der Freude dienen. Dann — unter Anwendung der bereits in den vorhergehenden Kapiteln gegebenen Ratschläge — wirst du auch äußeres Leid auf ein Minimum einschränken und, mit Gott und des Schicksals Hilfe, vielleicht früher als du ahnen konntest, den Weg finden, der dich innen und außen aus dem Leid herausführt — dich und deine Mitmenschen.

Dazu diene dir die weise Benützung der Astrologie. Erst in ferner Zukunft aber wird diese jenen hervorragenden

Platz im Leben der Menschen einnehmen, den sie einnehmen kann, wenn sie von Irrtümern gereinigt und mit sicherem Erfahrungswissen bereichert sein wird. —

Von der Vererbung

»Vom Vater hab' ich die Statur,
Des Lebens ernstes Führen,
Von Mütterchen die Frohnatur
Und Lust zu fabulieren.
Urahnherr war der Schönsten hold,
Das spukt so hin und wieder;
Urahnfrau liebte Schmuck und Gold,
Das zuckt wohl durch die Glieder.
Sind nun die Elemente nicht
Aus dem Komplex zu trennen,
Was ist denn an dem ganzen Wicht
Original zu nennen?« (Goethe, Zahme Xenien)

Du wirst freilich nicht erwarten können und vernünftigerweise auch nicht erwarten, daß nur erwünschte, erfreuliche Eigenschaften sich vererben. Anderseits ersiehst du ja aus den eingangs des vorhergehenden Abschnitts angeführten »Urworten« Goethes, welch bedeutsamen Einfluß Goethe jenen Kräften und Einflüssen zuerkennt, die ablesbar sind an dem Stande von Sonne und Planeten. Die Tatsache der Vererbung ist allgemein bekannt. Sie war es schon immer. Daß sich die Gesichtszüge der Menschen vererben, ist für jedermann leicht erkennbar. So hört man immer wieder: »Das Kind sieht seiner Mutter sehr ähnlich«, oder dem Vater, den Großeltern, der Tante, dem Onkel. Die Ähnlichkeit mit den letzteren weist selbstverständlich auf die Großeltern hin, die Eltern von Vater, beziehungsweise Mutter, von Onkel und Tante. Erbmerkmale der Großeltern treten dann nicht in den Eltern des Kindes, sondern erst in diesem hervor.

Aber auch andere Merkmale vererben sich, wie Körperhaltung, Körperbewegungen, die Art des Sprechens und Lachens, das »Temperament«, Neigungen, Fehlneigungen und Begabungen. So bringt der Mensch eine Kombination von Einflüssen mit ins Leben: solcher, die astrologisch erkennbar, und solcher, die durch Vererbung bedingt sind. Doch tritt nach meiner Erfahrung der astrologisch erkennbare Einfluß hervor, zumal bei Menschen mit sensiblerem Nervensystem, und diese Sensibilität hängt wieder vor allem mit astrologisch feststellbaren Einflüssen zusammen. In gewissen, selteneren Fällen aber ist hierfür noch wesentlicher die seelische Reife des Innenmenschen. Darunter ist zu verstehen, daß der betreffende Mensch dem Erwachen zu ewigem geistigem Bewußtsein näher ist als der Großteil seiner Mitmenschen. Solche seelische Reife bewirkt, daß auch das Nervensystem empfänglicher, sensibler wird, ansprechbar auch auf die zartesten seelischen Regungen. Desgleichen wird auch ein Mensch, wenn er nur die feineren Regungen der Seele pflegt, ein empfindlicheres Nervensystem gewinnen als ein Mensch, der lebt wie die Tiere oder schlimmer noch als diese.

Daß Krankheitsanlagen vererbt werden, ist gleichfalls im Volke wohl bekannt, ich erinnere nur an die Anlage zu Zuckerkrankheit, zu hohem Blutdruck, zu gewissen Nervenkrankheiten.

Während die Anlage zu schweren Nervenkrankheiten selten ist, findet sich um so häufiger die Anlage zu verschiedenen Formen der »Nervenschwäche«.

So wie du nun durchaus nicht ein Opfer der »Sternenmacht« bist und dieselbe weise beachten sollst, um das Erwünschte zu pflegen und das Unerwünschte zu meiden, zu vermeiden, beziehungsweise zu verhüten, so sollst du dich auch als Gestalter jenes Schicksals erweisen, das dir durch Vererbung zuteil geworden ist. Durch geeignete Lebensführung läßt sich vermeiden, daß die Anlagen zu ernsten körperlichen Leiden werden. Was aber die Anlagen zu den verschiedenen Formen der Nervenschwäche betrifft, so wird auch hier geeignete Lebensführung, wie noch mehr rechte Hygiene des Seelenlebens verhüten, daß die Nervenschwäche einen besorgniserregenden Grad erreicht und dann den Menschen ernstlich hindert im Außen- wie im Innenleben. Sollte die Nervenschwäche aber bereits zu einem ernstlichen Hindernis im Leben geworden sein, dann kann rechte Hygiene des Seelenlebens bewirken, daß sie sich mildert, ja selbst verschwindet bis auf Spuren.

Schreibt doch ein bekannter Vererbungsforscher in seinem Buche:

»Ob hochwertige Anlagen zur vollen Entfaltung kommen oder verderben, ist also sehr wesentlich auch eine Frage der Erziehung, vor allem der Selbsterziehung. Erbanlage ist wohl Schicksal — zeigen wir uns aber als Meister dieses Schicksals, indem wir Erbanlage als uns gestellte Aufgabe ansehen, die wir zu erfüllen haben!«

So wie nun hochwertige Anlagen zur Entfaltung, so können minderwertige, krankhafte, unerwünschte Anlagen zum Verschwinden gebracht werden. Ohne sich dessen bewußt zu sein, hat aber der Forscher zugleich ausgesprochen, daß wir und dieser, den Gesetzen der Vererbung unterworfener Körper, nicht ein und dasselbe sind. Meister des Schicksals sein bedeutet ja, über dem Schicksal zu stehen als ewiger Geistesmensch, der hier auf dieser Erde die Aufgabe zu erfüllen hat: die edlen Kräfte seiner Seele zu entfalten und — frei auch von diesen und ihr Herr und Meister — des Willens und Lebens Gottes in sich, in seiner Seele inne zu werden. Auf daß Gott, die Ursache von allem, was da ist, durch unsere ihm geeinten Seelenkräfte sich selbst erlebe und Herr werde jeglichen Schicksals. —

Familie, Erziehung, Umwelt und Selbsterziehung

Die Familie, in die wir hinein geboren werden, ist gleichfalls für uns ein wichtiges Stück Schicksal. Es gehört zu jenem Schicksal, dessen Verursacher wir nicht auf dieser Erde gewesen sein können, das bedingt ist durch unser vorgeburtliches Verhalten auf dem Wege unserer Abkehr von Gott, auf dem Wege unseres Abstiegs aus dem bewußten freien Leben in der ewigen Geisteswelt hinab und hinein in den dunklen, schweren Erdenleib, in Erdenleben und irdisches Schicksal.

Wie verschieden sind doch die Familienverhältnisse! Nicht nur hinsichtlich Reichtum und Armut, sondern ebenso hinsichtlich der seelischen Bedingungen, unter denen das Kind aufwächst. Die Sonne einer glücklichen Ehe und edlen Strebens der Eltern — vor allem die Sonne der Liebe, die in einem Heime scheint, wärmt, leuchtet! —, solche sonnenhafte Nahrung läßt die Seele des Kindes bestens gedeihen und ist wahrlich mehr wert als Reichtum, als Bildung, als Wissen und Kunstverständnis. Sagt doch ein großer Erzieher: »Erziehung ist Beispiel und Liebe, nichts weiter.«

Damit ist auch das Wesentliche über Umgebung und Erziehung gesagt!

Stets ist aber wohl zu bedenken, daß auf die Seele des Kindes alles einwirkt, was es wahrnimmt seit den frühesten Tagen seines Lebens auf dieser Erde. Diese Wirkung betrifft auch die Seele des Erwachsenen, aber in unvergleichlich größerem Ausmaße und mit bedeutsamen Folgen die Seele des Kindes.

Es wird die Zeit kommen, da eine ganz andere Schulerziehung die Seele des Kindes betreuen wird als die jetzige, die auf einem überaus verhängnisvollen Wahne gründet, auf dem Wahne, als ob dieses Erdenleben alles Leben sei, als ob es sei das einzig wirkliche Leben des Menschen. Für sein ewiges Leben soll sich der Mensch formen, er soll — überaus behutsam und sich einfühlend und nur lenkend! — dem Kinde formen helfen seine Seele fürs Ewige. Er soll die eigenen Kräfte des Leibes und der Seele erschließen und diese erschließen helfen seinen eigenen oder den ihm anvertrauten Kindern! Er soll dem Kinde, behutsam und sich einfühlend, helfen, innere Schwierigkeiten meistern und sich mählich anpassen zu lernen an die Erfordernisse des Lebens mit seinen Mitmenschen.

Wissen und Können kommt erst in zweiter Linie, lediglich als Werkzeug der in Gottes Licht und zu Gottes Ehre sich entfaltenden Seele:

Eine neue Menschheit ist im Entstehen, im allerersten Entstehen!

Was nützt auch dem Menschen all sein Wissen um die Naturgesetze, was nützt ihm die Beherrschung derselben, wenn er »sich selbst« nicht zu beherrschen vermag und — ein Sklave dunkler Regungen und ein gefügiges Werkzeug unsichtbarer dunkler Gewalten — sein Wissen, seine Macht nicht benützt sich und seinen Mitmenschen zum Segen!

Deshalb ist Seelenkultur das Fundament, auf dem erst Kultur von Wissen und Macht dem Menschen zur Quelle äußeren und inneren Glücks werden kann.

Dein jeweiliges seelisches Verhalten schwingt in dir weiter, klingt noch lange nach, sucht sich zu verstärken. Du kannst aber die unerwünschten Neigungen ausklingen lassen, die unerwünschten Kräfte und Fähigkeiten anderseits pflegen. Wie du das vermagst, erfährst du ja zur Genüge in diesem Buche.

So wirst du auch Herr jenes Schicksals, das aus vorhergehenden Eindrücken stammt, sei es durch Erlebnis, Erziehung oder eigenes seelisches Verhalten. Es ist ein mächtiges Schicksal, mächtiger als alles äußere Schicksal! Denn es formt die Seele des Menschen und damit auch sein Außenleben. Was aber dieses betrifft, so kann der Mensch sein äußeres Schicksal mittels rechter Hygiene des Seelenlebens durch eigene Kraft, sowie durch Hilfe des Schicksals selbst und durchaus nicht zuletzt durch Hilfe der geistigen Welt bessern, ja, dasselbe völlig wandeln. —

Schicksalslenken der geistigen Welt

»Wenn es einen Gott gäbe, eine geistige Welt, wie könnte es dann so viel Leid und Ungerechtigkeit in der Welt geben?« Eine Antwort auf diese Frage habe ich im Kapitel »Von Gottes Wirklichkeit« gegeben. Vielleicht wird dich diese Antwort nicht befriedigen. Ob du aber an die Wirklichkeit von Gott und der geistigen Welt glaubst oder nicht — ihre Wirklichkeit, wie deine eigene Wirklichkeit, ist eine Tatsache und nicht etwa ein Traum oder ein Vorstellungsbild eines anderen Menschen. Ja, wie ich schon bekundet habe: dem, der beides erlebt, die Wirklichkeit der innersten ewigen geistigen und die Wirklichkeit der irdischen Welt, dem wird sich die erstere als ein unendlich Wirklicheres und Lebendigeres als die letztere, die irdische Welt, offenbaren. —

Wenn sich somit der Wille Gottes nur sehr unvollkommen in dieser irdischen Welt offenbaren kann — von den Schönheiten der Natur und dem Edlen in der menschlichen

Seele abgesehen —, so ist doch die Lenkung der geistigen Welt, die ganz eins ist mit dem Willen und Leben Gottes, ja, als welche sich Gott erlebt und gestaltet, so ist doch die Lenkung der geistigen Welt auch in irdischen Angelegenheiten unverkennbar.

Ich selbst habe diese Lenkung wiederholt erfahren — ja, ich erfahre sie täglich, stündlich, erfahre, erlebe sie in jedem Augenblick.

Ich fand mein äußeres Leben auf wunderbare Weise gelenkt, erkannte die Lenkung durch die geistige Welt selbst in kleinen Dingen.

Freilich solch eine ununterbrochene Lenkung wirst du selbst wohl kaum erfahren. Du lebst aber auch nicht ausschließlich dem Willen und Leben der geistigen Welt, dem Willen Gottes, wie ich es tue.

Dennoch sei dessen gewiß, daß auch du deinen Schutzengel, deinen Schirmengel hast. Je mehr du aus allen Kräften das Edelste erstrebst: den Willen Gottes in dir zu erfühlen und ihn zu leben in dieser irdischen Welt — um so mehr wird die geistige Welt gleichsam »Interesse« an dir haben und du wirst ihr nicht als Spreu, wirst ihr als Korn gelten.

Bitte die geistige Welt immerhin auch in allen deinen Erdennöten — und dir wird Schicksalswende, wo dies möglich ist, durch Schicksalslenken der geistigen Welt. Du mußt nur Geduld haben. Sodann wird dir aber die geistige Welt Einsicht und Kraft schenken, die Schicksalswende selbst herbeizuführen.

So wird dir von innen und außen geholfen. Und wie viel vermagst du schon selbst durch rechten Glauben und festen Willen!

Und, was du an äußerem Schicksal nicht zu wenden vermagst, wird, so du nur gläubig und vertrauend dich bemühst, reichlich aufgewogen durch Zuwachs an seelischer Kraft, dem unvergänglichen Besitz deines eigenen ewigen Lebens. —

XI. Arm und reich und andere Lebenslagen

Reich an Geld und Gut kann man bekanntlich auf verschiedene Weise werden. Geboren in eine reiche oder zum mindesten nicht unbemittelte Familie, wird dem Kinde und dem heranwachsenden Menschen manche Annehmlichkeit, mancher Vorteil zuteil, die im Falle der Armut versagt bleiben müssen. Und doch kann, wie ich im vorhergehenden Kapitel ausgeführt habe, »Beispiel und Liebe« dem Kinde nicht nur den Reichtum an Geld und Gut ersetzen, sondern sogar reichlich aufwiegen. Ein Kind von hervorragender Begabung wird trotz ungünstigster materieller Verhältnisse seinen Weg machen, wie Beispiele zeigen. Ich erinnere nur an Pfarrer Kneipp, den großen Volksarzt. Dennoch sollten auch die weniger großen Begabungen beachtet und durch staatliche Hilfe gefördert werden. Dankbar soll dann der so Geförderte die gewährte Hilfe einst zurückzahlen an die Öffentlichkeit.

Das Problem der Armut ist ein öffentliches und ein einzelmenschliches Problem: es erfordert Hilfe von *beiden* Seiten. Der Mensch, der sich, wenn auch nur ahnend, seines ewigen Wesens bewußt ist, erkennt: aller Reichtum, auch der durch eigene Tüchtigkeit redlich erworbene, ist nur ein Lehen Gottes! Als Lehen wird er es verwalten, damit zu erfüllen den Willen Gottes in seiner Innen- und Außenwelt. Wie dankbar muß er sich zeigen für die ihm, zeitweilig für dieses Erdenleben, »verliehene« irdische Begabung und geschäftliche Tüchtigkeit! Aber auch für alles glückliche Schicksal, auch wenn dasselbe sein eigenes Verdienst ist! Denn alles Gute kommt von Gott und ist und bleibt Gottes Eigen. Es wird nur dann unser Eigen, wenn wir mit Gottes Willen völlig verschmelzen und so Gottes Wille völlig der unsere wird. Benützen wir also all unseren Reichtum, an Geld und Gut, an Wissen und Können, — vor allem das Reich Gottes in uns zu suchen, unser Leben innen und außen edel zu gestalten, auch die geringste Arbeit zu einem Kunstwerk zu machen, von Herzen schenkende und helfende Liebende zu werden. Liebe aber weckt einfühlendes Verstehen der Menschen und des Lebens überhaupt.

Wie nun der Reiche dem Armen beistehen soll mit Geld, Gut oder Können und Tat, so soll der Arme jede gewährte Hilfe entgegennehmen als Geschenk Gottes selber. Wie herrlich dann das Leben, wenn es solchergestalt ein Gottesdienst ist: Schenken und Entgegennehmen von Gottes Gaben! Das aber ist nicht Einbildung, ist Wirklichkeit! Und nur, weil es Wahrheit ist, daß alle Güter und alle Gaben Gottes sind, kann solches Schenken und Entgegennehmen in unvorstellbar großem Ausmaße das äußere und vor allem das innere Glück der Menschen fördern. Schenkende Liebe und liebendes Entgegennehmen wecken die Kräfte des Leibes, des Verstandes und vor allem der Seele, sichern uns die Hilfe der geistigen Welt, sowie die Gegengabe des Schicksals, das uns — wie die Erfahrung die Menschen lehren kann — mehr wiedergibt, als wir gegeben haben, auf daß unsere Gabe ständig wachse. Sorge dich aber nicht, wenn du nicht reichlich weitergeben kannst, wenn dir einmal eine Fülle äußeren Glücks begegnen sollte. Auf deinen guten Willen kommt es an! Du wirst, bist du nur guten Willens und voll wachsenden Gottvertrauens, erfühlen, was du zu tun hast, und wirst ohne Sorge durch deine Erdenzeit schreiten — in Armut, in Reichtum. Denn wunderbar sind Gottes Lenkungen dem, der ihm vertraut in den Zeiten der Not!

Wer arm ist, der bemühe sich, sein Geringes zu vermehren, soweit dies ihm möglich ist, mit redlich getaner Arbeit und ohne die eigenen Kräfte zu überschätzen und zu überspannen.

Er soll freilich für seine eigene Leistung nicht höheres Entgelt beanspruchen, als er dies nach dem Rate seines Gewissens als recht und billig anerkennen kann und muß. Denn sehr verschiedenartig, am Wertmesser Geld gemessen, sind die Leistungen der Menschen! Es ist, um das mir wohl vertraute ärztliche Gebiet zu berühren, die ärztliche Leistung eines großen Chirurgen, der eine schwierige Operation ausführt, geldlich doch wohl anders zu bewerten, als die Tagesarbeit eines Friseurs, der die Haare schneidet. Und doch soll auch dieser seine wenigerwertige Arbeit bestens ausführen — zur Ehre Gottes und zum Heile seiner ewigen Seele.

Wo du aber Armut nicht wenden kannst, da ertrage sie — auch zur Ehre Gottes — und wundersamer Reichtum der Seele wird sich dir offenbaren, wie dem armen Schuhmacher Jakob Böhme sich offenbart haben die Herrlichkeiten der innersten geistigen Welt, der Welt Gottes, der Welt der Engel, der erlösten Menschen. Hilfe wird dir immer zuteil werden und unsichtbare Hilfe wird dir zur Seite stehen: dir Einsicht zu schenken und starke innere Kraft, ruhevolle innere Heiterkeit. Auch Jakob Böhme sorgte sich nicht um seinen Tag! Du sollst freilich *für* den Tag sorgen, ohne dich *um* denselben zu sorgen:

»Sorget nicht für euer Leben, was ihr essen und trinken werdet, auch nicht für euren Leib, was ihr anziehen werdet.

Sehet die Vögel unter dem Himmel an: sie säen nicht, sie ernten nicht, sie sammeln nicht in die Scheunen; und euer himmlischer Vater nährt sie doch. Seid ihr denn nicht viel mehr denn sie? ... Und warum sorget ihr für die Kleidung? Schauet die Lilien auf dem Felde, wie sie wachsen: sie arbeiten nicht, auch spinnen sie nicht. Ich sage euch, daß auch Salomon in aller seiner Herrlichkeit nicht bekleidet gewesen ist wie derselben eins ... *Trachtet am ersten nach dem Reich Gottes und nach seiner Gerechtigkeit, so wird euch solches alles zufallen.*«

Es gibt noch viele andere Arten von Reichtum und Armut. Doch ist, wie ich schon dargelegt habe, jede Art von Reichtum Gottes Eigen und ein Lehen Gottes.

Dünke dich nicht erhaben über deine Mitmenschen, wenn du sie etwa überragen solltest an Wissen und Können. Sieh! Ich verfüge über so manches Wissen und Können, wie du ja ersehen haben wirst, aber ich lebe mit meinem Wissen und Können nur der Ehre Gottes, dem Willen Gottes, der restlosen Hingabe an Gott! Und niemals ziehe ich Vergleiche zwischen mir und den anderen Menschen — es sei denn, um diese zu verstehen und ihnen in Liebe, voll Erbarmens und Mitfühlens, zu helfen, soweit dies in meiner Macht steht.

Wenn du arm an Wissen und Bildung bist und es treibt dich, solches dir zu erwerben, so gib dem Verlangen deiner Seele nach — in heiterer Ruhe, ohne dich an Wissen und Bildung zu verhaften und ohne dich auch zu verhaften an das Drängen und Treiben der Seele, das freilich Erfüllung finden muß, wie ich in dem Kapitel »Impulse der Seele« noch ausführen werde. Es soll Erfüllung finden, kann auch auf andere Weise Erfüllung finden, darf aber nie und nimmer gestärkt, darf nicht gezüchtet werden. Denn alle deine Seelenregungen sollen ja nur ausschwingen, sollen nur zur

Ruhe kommen im Willen Gottes, dem sie dann Werkzeug, Diener, Erlebnismittel werden. —

Arm und reich bezieht sich auch auf deine Körpergestalt. Wie mancher ist verkrüppelt durch schwere Krankheit in der Kindheit oder durch schwere Körperverletzung. Aber nicht das Wesentliche ist verkrüppelt, der ewige Innenmensch und seine geistige Gestalt! Auf diesen allein kommt es an. Diesen sollst du wertschätzen in dir, im Mitmenschen! Das gleiche gilt für die Anmut der Frauen. »Jugend vergeht, Tugend besteht« sagt ein Sprichwort. Hier aber soll darunter vor allem der Adel der Seele verstanden sein.

Darum gräme dich nicht, wenn dir die Anmut der körperlichen Gestalt nicht zuteil geworden ist — wie es ja auch bei dem wundersamen Seher Jakob Böhme der Fall gewesen sein soll —, oder verloren gegangen ist. Die Anmut der Seele bringt auch im irdischen Leben dauerndes Glück, denn gar schnell geht die Blütezeit der Jugend dahin! —

Wenn aber das Alter naht, wenn Runzeln das Gesicht überziehen und der Leib gebrechlich wird, wenn die Gedankenregsamkeit nachläßt, ist denn dann nicht der Mensch sehr arm, verglichen mit der Lebensfülle der Jugend?

Erschließe in dir den Reichtum deiner ewigen Seele, das Fühlen, Ahnen, Innewerden und Schauen deiner ewigen Innenwelt und dir wird sich ein Glanz offenbaren, der wohl nicht so aufdringlich strahlt, wie der Glanz der Jugendzeit, doch zunehmend inniger, mächtiger — und vor allem unvergleichlich beglückender. Deiner Ewigkeit wirst du schon auf dieser Erde inne! Doch was du hier wahrnimmst, ist gleichwohl nur ein ferner Abglanz eines weitaus lebendigeren Lichtes, in dem du strahlen wirst in der Geisteswelt, die reines Licht und lebendiges Leuchten ist — bist du dereinst zurückgelangt in diese und in und mit dieser in Gott. In Gott, der die Liebe ist, der der wahre Frieden und die wahre Freude ist. —

XII. Impulse der Seele

Von dem »höchsten irdischen Gut«, dem »größten irdischen Reichtum«, der Gesundheit, habe ich noch nicht gesprochen und so auch nicht von der entsprechenden größten irdischen Armut, der schweren unheilbaren Krankheit. Davon soll nun im besonderen die Rede sein. Habe ich mich doch als Arzt täglich, stündlich mit diesem Gebiete zu beschäftigen. Auch ist dasselbe mir aus eigener persönlicher Erfahrung nur zu gut bekannt, leider! Ich sage leider, denn Gott will Kräftefülle und Kräfteharmonie und so Gesundheit auch im irdischen Körper. Und doch gilt das Sprichwort nicht zu Recht, daß eine gesunde Seele nur in einem gesunden Körper wohne. Denn die Gesundheit der ewigen — nicht der tierischen! — Seele des Menschen hat mit der Gesundheit dieses Erdenkörpers nichts zu tun, lebt sie doch weiter, völlig unberührt vom Tode und Zerfall dieses Erdenkörpers. Ja, sie wird durch diesen in ihrem ewigen Selbsterleben nur in unvorstellbarer Weise gehemmt, erfährt aber dennoch eine gewaltige Kraftbereicherung, wenn sie sich den hemmenden Kräften des Erdenkörpers gegenüber behauptet. Wenn sie die heitere Ruhe ihres Selbsterlebens nicht stören läßt durch die hemmenden Empfindungen des Leibes und durch die drängenden und treibenden Kräfte der tierischen Seele dieses Erdenkörpers.

Die Regungen der tierischen Seele aber sollen sich den Regungen der ewigen Seele, die eins ist mit dem Willen Gottes, angleichen und so eins werden mit dieser. Dann kehrt der Mensch nicht als ein Bettler zurück in sein ewiges

Reich, sondern erstarkt in seinem ewigen Leben und bereichert mit den Kräften der Erde. So kehren die Kräfte der Erde, die von Gott ausgegangen sind, zurück zu Gott, wie es in einem alten indischen Weisheitsbuche heißt:

»Wenn alle Knoten sich lösen,
Die umstricken das Menschenherz,
Dann wird, was sterblich, unsterblich,
So weit erstreckt die Lehre sich.«

In den Lehren der katholischen Kirche wird von der Auferstehung des Fleisches gesprochen. Kein unbefangen denkender Mensch wird dies für möglich halten, daß dieser Erdenleib, wenn einmal gestorben und zerfallen, wieder zum Leben auferstehe. Allein einst werden alle Empfindungen und Regungen, alles tierleibliche Fühlen, Begehren und Streben — wie vieles Empfinden und Trachten haben wir doch mit dem Tiere gemein, und wie Vieles in der Menschenseele ist nur entwickeltes, hochgezüchtetes Tierisches! — einst wird alles vergängliche Empfinden und Fühlen angeglichen, untertan und vereinigt sein dem ewigen Leben Gottes in uns. So wird, was sterblich, unsterblich! Das ist die Auferstehung des Fleisches, der Tierseele des Menschen, zum ewigen Leben durch Vereinigung mit der ewigen Seele des Menschen — sie wird sich vollziehen einst in aller Menschheit! So wird das Tier im Menschen einst für alle Ewigkeit Gott im Menschen untertan!

Die Impulse der Seele, alles Drängen und Trachten derselben, sollen, wie ich schon im vorhergehenden Kapitel erwähnt habe, ausschwingen. Was in uns drängt und treibt, soll Erfüllung finden, doch nur in einer Weise, die uns und unseren Nächsten nicht schadet. Denn ein Impuls der Seele, ein Wunsch, ein Trachten und Begehren, kann auf verschiedene Weise Erfüllung finden und so zum Ausschwingen kommen. Um nur ein Beispiel anzuführen, kann heftigstes sinnliches Begehren seine nützliche und in keiner Weise schädliche Erfüllung finden in einer Arbeit, die wir mit aller Hingabe vollbringen. Wenn die Tierseele des Menschen dann zur Ruhe gekommen ist, so ist sie doch etwa nicht tot. Im Gegenteil! Alle Kräfte der Tierseele sind nun frei geworden von bestimmten Bindungen. Und indem nun der Mensch ein intensivstes Leben lebt, den Regungen folgend, die aus dem Innersten seiner ewigen Seele kommen, werden die freiwerdenden Kräfte der Tierseele dem Ewigen im Menschen geeint. Ja, indem der Mensch dem Ewigen in sich lebt, erfolgt Ausschwingen der Seelenimpulse und Einigung der Seelenkräfte zu gleicher Zeit. Sie erfolgt am besten in einem Leben der heiteren Ruhe, in der die Impulse einerseits ausklingen und anderseits dem kindlich-freien Leben in uns die freigewordenen Kräfte restlos zur Verfügung stellen.

Diesem Lebenswerk des Menschen, der göttlichen Alchimie, dem Finden des »Steins der Weisen« dient dieses ganze Buch »Hygiene des Seelenlebens«. —

Krankheit und Seele

Nie und nimmer kann die Disharmonie der ewigen Seele zur körperlichen Krankheit führen, denn eine solche Disharmonie gibt es nicht, wohl aber eine Disharmonie der Tierseele des Menschen.

Durch seelische Disharmonien entstehen mancherlei körperliche Erkrankungen, wie Magen- und Zwölffingerdarmgeschwüre und Gallenblasenerkrankungen. Störungen des Herzschlages treten auf, insbesondere aber unangenehme bis quälende Empfindungen am Herzen selbst, namentlich am Herzen der Frauen. Seelische Ausgeglichenheit beseitigt Empfindungen und Störungen und vermag selbst eine organische Erkrankung zu heilen. Auch die Zeit — die »alle Wunden heilt« — heilt oft schon allein die seelische Wunde und die daraus entstandenen körperlichen Störungen und organischen Erkrankungen, wie ich das aus meiner ärztlichen Erfahrung bezeugen kann. Doch darf die körperliche Behandlung nicht vernachlässigt werden.

Rückwirkend beeinflußt die Krankheit unsere Seele. Bekannt ist die gallige Stimmung der Gallen- und Leberkranken, die hypochondrische, gedrückte Stimmung der Magenkranken, besonders bei chronischem Magenkatarrh. Anderseits kann durch Pflege heiterer Gefühle und entsprechender Gedanken — Gedanken der Hoffnung, der Zuversicht, des Glaubens — die Heilung selbst einer organischen Erkrankung wesentlich gefördert werden. Bisweilen ist bei Krankheiten seelischer Ursache ein Wechsel der Umgebung des Kranken, gegebenenfalls eine Änderung der beruflichen Tätigkeit, ferner eine entsprechende Änderung der Einstellung bestimmter Menschen aus der Umgebung des Kranken zu diesem, sehr zu empfehlen. Seelenärztlicher Rat kann hier sehr viel helfen. Auch der einfache praktische Arzt vermag vielfach solchen Rat zu erteilen, wenn er sich nur einzufühlen versteht in die seelische Situation seines Kranken.

Wie nun aber jede Krankheit den Menschen mehr oder weniger bedrückt — stört sie ihn doch in seinem gewohnten Leben und Streben, hindert ihn an der Erfüllung seiner Wünsche —, so weckt Hoffnung, Zuversicht, weckt Glaube an die Gesundung, Wille zur Gesundung die Heilkräfte. So wird auch das eigene Erfühlen und Verstehen geweckt dafür, welche Heilmittel und Heilwege zu erwägen, beziehungsweise zu benützen wären.

Aber auch das Gebet sei nicht vergessen, diese mächtige

Hilfe durch Anruf der eigenen Seelenkräfte sowie unsichtbaren Lenkens und Waltens.

Durch Ausdauer in der Übung des Glaubens an die Gesundung, des Willens zu derselben, durch Pflege entsprechender Gedanken können wunderbare Wirkungen erzielt werden — und Tote auferstehen! Am eigenen Leibe habe ich es erfahren: einmal war ich schon tot gesagt, mehrmals galt ich als Sterbender.

Es sei auch an die wunderbare Wirkung inneren Sprechens erinnert. Sprich bei verschiedenen Gelegenheiten: »Ich werde gesund, ich erstarke an Kraft und Können, ich lebe lang — für die ewige Liebe!« Wiederhole dieses innerliche Sprechen mehrmals, ohne auch nur die Lippen zu bewegen, laß es in dir erklingen, und es wird dich wunderbar verwandeln. Beim Essen und Trinken sprichst du: »Gesundheit geht in mich ein, Gesundheit nehme ich in mich auf« und stelle dir dabei vor, suche es zu empfinden, wie mit Speise und Trank gesundes neues Leben in dir einkehrt. Tu das gleiche mit dem Atmen, zum Beispiel dabei der lebenspendenden Sonne zugewandt.

Vergiß aber bei der Pflege solchen Denkens, Vorstellens, Empfindens nicht, dich ständig auch nach äußerer Hilfe umzusehen und dieselbe mit Ausdauer, Hoffnung, Zuversicht, Glauben zu benützen. Dann wird äußeres Sichbemühen die Wirkung des inneren verstärken und dieses wieder wird die äußere Hilfe in mannigfacher Weise fördern. So werden sich manchmal ungeahnte Wege erschließen, die Gesundheit — soweit dies nur möglich — wiederzuerlangen.

Wenn du aber sprichst, wie ich es auch von meinen Patienten höre, »Wie kann wohl der gute Doktor, der mir so wertvolle Ratschläge erteilt, selbst erkranken?«, so sage ich dir:

Ich achtete niemals auf das Heil meiner Seele, geschweige denn auf das meines Erdenleibes, bei meinem Streben, völlig eins zu werden mit Gott — mit allen meinen Seelenregungen, mit allen meinen Empfindungen und Kräften, mit meinem gesamten Bewußtsein.

Es wäre da vieles zu sagen, was ich aber verschweigen muß, weil dein inneres Verstehen, dein inneres Erkennen noch nicht bereitet ist.

Du aber suche getrost das Heil deines Erdenleibes und anderes äußeres Glück und trachte doch, dem Rate des Heilands folgend, vor allem nach dem Reiche Gottes in dir.

Denn selten wird ein Mensch gefunden, der nur eins ins Auge fassen mag und will: zu verwirklichen das Reich Gottes in sich — bewußt eins zu werden mit Gott dem Allebendigen.

Solche Sehnsucht, die restlos nur diesem einen gilt, läßt sich nicht erzwingen. Sie ist nicht durch Vererbung, noch durch Sternenmacht, sondern einzig und allein durch vorgeburtliche seelische Reife bedingt. Selbsterziehung, eigenes Bemühen kann nur die ins Erdenleben mitgebrachte seelische Reife voll zur Entfaltung bringen — und das ist schon sehr, sehr viel. Dennoch trägt jeder Mensch im Tiefsten seiner Seele nur diese eine Sehnsucht. Sie will auch in dir sich verwirklichen, lasse sie nicht in dir begraben sein, schenke ihr Gehör — ihre Stimme ist des Himmels Stimme. Sie wird dich wahrhaft beglücken. —

Stimmungsschwankungen und deren Ursache

Wir haben bei der Krankheit gesehen, wie dieselbe unsere Stimmungslage beeinflußt. Wir haben auch gesehen, wie umgekehrt die Änderung der Stimmungslage durch uns selbst die Krankheit zu beeinflussen vermag. Leib und Seele stehen ja in Wechselwirkung — doch trifft das freilich nur für die Leibesseele, die Tierseele des Menschen — mit ihrem Empfinden, Fühlen, Begehren, Streben und Trachten — zu. Freilich hat bei allen Menschen auch deren ewige Seele Einfluß auf die Regungen der Tierseele. Die Liebe, die aus sich selber liebt, ohne Gegenstand der Liebe, die Freude, die eines Gegenstandes nicht bedarf und Seligkeit ist aus sich selbst und in sich selbst, das Leben, das aus sich selber lebt, sich entfaltet und gestaltet, ohne Zweck und Absichten, all dies gehört ausschließlich der ewigen Seele an. Ähnliches gilt für Glaube und Wille, gilt für das Empfinden innerster Freiheit und innerster geistiger Kraft.

Wenn der Mensch sich bestimmte Ziele gesetzt hat, wenn er Planungen macht, so ist das dem Einfluß der ewigen Seele zuzuschreiben — denn kein Tier kennt solches, es kennt nur den Trieb der Selbst- und Arterhaltung. Mehr oder weniger werden die Gefühle der Leibesseele des Menschen von den Gefühlen der ewigen Seele durchstrahlt. Bisweilen aber fehlt diese Durchstrahlung, und dann empfindet solch ein Mensch wie ein Tier und tierisch ist sein Trachten und Verhalten.

Einfluß auf die Stimmung hat ferner die Vererbung — es gibt Menschen von verschiedenem »Temperament« von Geburt an. Großen Einfluß haben auch die Kräfte, die im Augenblick der Geburt wirksam werden und astrologisch feststellbar sind. Wie verschieden sind doch die Kinder ein und derselben Familie, schon von der Säuglingszeit an! Schon in dieser macht sich der Einfluß der astrologisch erkennbaren Kräfte bemerkbar.

Von bedeutendem Einfluß auf die Stimmungslage ist die Funktion der sogenannten Drüsen mit innerer Sekretion, die, was sie absondern, nach innen, nämlich ins Blut abgeben, welches dasselbe mit großer Schnelligkeit an alle Zellen des Körpers weitergibt. In den Tagen, da das Kind zur Jungfrau heranreift, wie in den Tagen der sogenannten Wechseljahre der Frau finden sich auffallende Stimmungsschwankungen. Die »Flegeljahre« des Jungen gehören gleichfalls hierher. Die Frauen in den Wechseljahren neigen oft zu gedrückter, seltener zu auffallend gehobener Stimmung. Stimmungsschwankungen von solcher Heftigkeit können auftreten, daß, wenn auch sehr selten, der Eindruck von Geistesstörungen entstehen kann. Überaus wohltätig erweisen sich dann »Hormongaben« von seiten des Arztes, gegebenenfalls in Form von Einspritzungen. Von noch größerer Wirkung fand ich eine Kur mit entsprechender Wasserheilbehandlung.

Auch kommt es vor — ich habe das an mir selbst erfahren —, daß Tage mit einem ansteigenden Stimmungshoch ziemlich regelmäßig abwechseln mit einem Stimmungstief. Auch das dürfte mit dem Rhythmus der Funktion der Drüsen mit innerer Sekretion zusammenhängen.

Schließlich sei auch des Wetters gedacht, das bekanntlich die Stimmungslage und das Gesamtbefinden von Menschen mit empfindlichem Nervensystem sehr zu beeinflussen vermag.

Auch der Einflüsse sei gedacht, die astrologisch zu bestimmen sind und die zeitweise stärker hervortreten.

Daß auch das Alter die Stimmung beeinflußt, kann man Tag für Tag wahrnehmen. Hier das spielende Kind, das seine Tränen schnell vergißt, »noch keine Sorgen kennt«, mit seiner heiteren Grundstimmung. Dort der erwachsene Mensch, den Kopf voll Gedanken, das Herz voll von Wünschen — die Heiterkeit, die Unbeschwertheit der Kindheit ist dahin.

Und doch kannst auch du, reifer Mensch, wieder »Kindlein« werden und du mußt es werden, wenn deiner Seele Suchen endlich Erfüllung finden soll.

O, *bette dich in Gottes Güte,* der die Wirklichkeit selber ist! Er umgibt und durchdringt dich ganz und gar. Er ist ewige heitere Ruhe. Suche ihn zu erfühlen, zu empfinden! Vertraue dich ihm an! *Heiße den zweifelnden Verstand schweigen!* Schöpfe Kraft und Glauben auch aus meinen Worten! Und du wirst der lichten, stillen, der befreienden Wirklichkeit Gottes inne werden und so schon auf dieser Erde finden: *himmlischen Frieden und selige Freude.* — —

XIII. Von der Sünde und sittlichen Grundsätzen

»Die z e i t l i c h e Reue zerrt sich nur immer tiefer hinab in immer ärgere Pein und setzt den Menschen in einen Jammer, also ob er stracks verzweifeln müsse. Die bleibt stecken im Elend und kommt nicht vom Fleck: es wird nichts daraus.
Anders die g ö t t l i c h e Reue. Sobald nur im Menschen eine innere Mißbilligung auftaucht, gleich erhebt er sich auch zu Gott und setzt sich, gegen jede Sünde sorglich gewappnet, in einen unerschütterlichen Willen. Und von da erhebt er sich zu grenzenlosem Gottvertrauen und gewinnt eine grenzenlose Sicherheit. Und hieraus entspringt eine geistige Freude, die die Seele heraushebt aus allem Elend und Jammer.«
(Meister Eckeharts Schriften und Predigten, übersetzt von Herman Büttner)

Unter Sünde verstehen wir ein Fehlen wider ein göttliches Gebot religiöser Lehren oder wider ein Gebot unseres Innern. In der heutigen Zeit, in der den weitaus meisten Menschen des westlichen Kulturkreises die strenge Bindung an die Lehren der Religionen verlorengegangen ist, kommt in erster Linie die zweite Art der Sünde in Frage.

Dennoch fühlt auch der religiös nicht gebundene Mensch mehr oder weniger, meist freilich nur äußerst schwach, daß er inneren ewigen Gesetzen unterworfen und einem Leben verbunden ist, das wahrlich nicht von dieser Welt ist.

Ohne jegliche bewußte religiöse Bindungen fühlt aber jeder Mensch mehr oder weniger sittliches Gebot in seinem Innern.

Wohl dem Menschen, der der erfühlten inneren Gesetzlichkeit gemäß denkt, fühlt, spricht und handelt! Der somit erkennt, daß das höchste, wertvollste Gut des Menschen sein innerstes Leben ist, das völlig unabhängig ist von der Meinung der Menschen, ja, von der Erfahrung überhaupt und dem Erkennen des Verstandes! Er soll wissen, daß er Gottes Leben selber im Innersten verbunden ist, daß er in diesem Innersten Gottes Willen selber erfühlen kann, und daß Gottes Wille — niemals in Büchern, ja, selbst nicht in als richtig erkannten und gedanklich festgehaltenen Grundsätzen dargestellt und somit nicht in eine starre Form gebannt werden kann. Denn Gottes Wille ist Gottes Leben und dieses ist, obwohl in seinem Wesen unendlich einfach und völlig wandellos, doch in seiner Ausdrucksform in jedem Augenblick ein völlig anderes, völlig neu. Ewig jung, ewig kindlich, ewig und ständig sich verwandelnd ist Gottes Leben. Daher kann Gottes Leben und Gottes Wille nur in völliger innerer Freiheit erfühlt werden. —

Da nun aber bei den Menschen das Erfühlen des Willens Gottes nur schwach entwickelt ist, bedürfen sie sittlicher

Grundsätze. Es sind ihnen diese ein ganz unentbehrlicher Halt, wenn die Triebe und Wünsche des Tieres in ihnen oder gar des Teufels — jener verhängnisvollen unsichtbaren Macht — sie zu verlocken, verführen, sie zu überwältigen und fortzureißen drohen.

So können religiöse Lehren dem Menschen zu sicheren Richtlinien werden und vermögen jedenfalls mehr als jede Art von Philosophie.

Halte also fest an Grundsätzen, die du als richtig, als sittlich gut erkannt hast.

Zugleich aber suche du, der du die innere Freiheit erstrebst, der du die Wahrheit suchst und das rechte Leben, den Willen Gottes in dir zu erfühlen. Durch Pflege der inneren Stille, der heiteren Ruhe der Seele wird dir das möglich werden.

Hast du aber etwas, was du gedacht, gefühlt, gesprochen oder getan hast, als Sünde empfunden, dann sei es deine Reue, daß du den Sündenfall augenblicklich vergißt und Willen und Glauben in dir aufrichtest, diese Sünde nicht wieder zu begehen.

Nun! Du fällst wieder und wieder. Wieder und wieder befolge dasselbe, vergiß tausendmal, zehntausendmal und, wenn es sein muß, so oft es sein mag, jeglichen Sündenfall, jegliches Fehlen und richte Willen und Glauben in dir auf, daß du mit aller Sicherheit nicht mehr fehlen wirst.

Dein Verstand wird über dich spotten und der Teufel, der sich so gern der Gründe des Verstandes bedient, wird dir ins Ohr raunen:

»Du Tor! Wieder bist du gefallen, wieder hast du gefehlt! Du betrügst dich nur selbst, du bist schwach und bleibst schwach, all dein Mühen ist umsonst.«

Ich aber sage dir: Es ist nicht umsonst! Harre aus und der Ausdauer bleibt der Sieg! Einst kommt der Tag, da aller Sündenreiz wie wesenloses Bild von dir abgleiten wird. Du mußt freilich ununterbrochen Hygiene des Gedankenlebens üben und gedanklich nicht beachten, wenn der Reiz zu Sünde und Fehlen sich dir auch nur zeigt. Denn wer dem Teufel den kleinen Finger reicht, dem nimmt er gleich die ganze Hand, sagt ein Sprichwort.

Dem solcherart sich Bemühenden werden alle Sünden verziehen —, denn jeder Mensch ist sein eigener Richter, er kann sich selbst binden, kann sich lösen und, sich lösend von der Sünde Bindung, die restlose Verzeihung seiner Sünden erlangen vor Gott.

Damit ist aber alles Wesentliche auch über die Schuld gesagt. Die lähmenden Kräfte des Schuldgefühls sind deine einzige Gefahr, dir, der du allein Eines erstrebst: die Freiheit der Seele in Gott, der das allein wirklich Gute ist.

So du dies aber nicht vermagst, einzig die Freiheit in Gott zu erstreben, dann sühne deine Schuld nicht durch Selbstvorwürfe — denn dadurch wird sie nicht gesühnt — sondern durch die Tat der Selbstbeherrschung, der dienenden Liebe, des festentschlossenen Lebens im Dienste an dem, was du als recht und gut erkennst. —

*Schuld und Sühne —
eine Geschichte aus dem Leben*

Es war vor vielen Jahren. Da suchte mich ein Patient zu seelenärztlicher Beratung auf und machte zu diesem Zwecke eine weite Reise. Er litt an einem Schuldgefühl, das ihn Tag und Nacht nicht verließ und ihm das Leben zur Qual machte: um sich seine Stellung zu erhalten, hatte er sich von seiner Frau, die Jüdin war, scheiden lassen. Die Frau wurde später verhaftet — er hörte nichts mehr von ihr, trotz all seiner Nachforschungen. Trotzdem war er ein entschiedener Gegner des nationalsozialistischen Regimes und lehnte dessen Gedankenwelt als unsittlich und verderblich ab. Auch war er ein durchaus religiös eingestellter Mensch. Aber er war zu schwach seinem eigenen Ehrgeiz gegenüber —, und so war er auch nicht bereit, lieber Elend und Verfolgung auf sich zu nehmen, als seine Frau zu verlassen, als eine Tat zu begehen, die gegen die Mahnung seines Gewissens sprach.

Und nun kam er zu mir und bat mich um Rat, wie er denn seine Schuld sühnen könne.

Ich riet ihm, fortan für das erkannte Gute auch öffentlich einzustehen und koste es ihm Geld und Gut und Stellung. Er müsse deswegen gerade nicht Gefahr aufsuchen, denn dadurch ließe sich das Geschehene ja nicht mehr ungeschehen machen. Er solle nur von ganzem Herzen und mit allen seinen Kräften das Gute und Edle zu erfühlen und in seinem ganzen Leben zu verwirklichen suchen — aus Liebe zu Gott. Und ich erklärte ihm, daß auch die kleinste Tat und die geringste Arbeit, mit Freude und Hingabe aller Kräfte aus Liebe zu Gott getan, solches edelstes Fühlen, Wollen, Leben und Streben bedeute. Gottvertrauen aber bedeute: seine Schuld augenblicklich und für immer zu vergessen. Denn alle Sünden seien einem solcher Art fühlenden und wollenden Menschen verziehen, alle Schuld sei ihm aufgelöst.

Meinen Patienten aber ließ der Ehrgeiz nicht los und damit auch nicht sein Schuldgefühl. Er konnte sich nicht kraftvoll für ein Leben entscheiden, das ich ihm vor Augen gestellt hatte. Sein Verstand sagte ja dazu, sein Herz wohl auch, aber die Erde hielt ihn zu fest in Banden. Er wünschte sich wohl, von dem Schuldgefühl befreit zu werden, aber er zagte, sein Leben Gott zu schenken, der ihm mehr eine gedachte und nur schwach erfühlte Wirklichkeit war.

Wenn schon mein Patient nicht das Leben und Wirken für Gott lernen und üben könnte, dann müßte er lernen, Sühne zu üben durch ein Wirken im Dienste der Liebe und durch kraftvolles Eintreten für das Rechte. Er müßte also das nachholen, was er seinerzeit versäumt und wodurch er sich schuldig gemacht hatte.

Kraftvolles Eintreten muß nicht gerade auffällig wirken. Es bedeutet oft ein stilles Verzichten auf einen großen äußeren Vorteil, wie auf eine angesehene Stellung. Bisweilen werden freilich die Leute den Kopf darüber schütteln, der betreffende Mensch wird mißverstanden werden, man wird ihn verspotten, verlachen, verhöhnen, mißachten. Nur wenige werden ihn verstehen und hochschätzen und auch diese wenigen nur, wenn sie den Beweggrund seines Handelns kennen.

Eine einzige solche Tat, ein einziger kraftvoller Entschluß vermag die frühere Schuld — innerlich — zu sühnen. Denn um ein Geschehen der Seele handelt es sich.

Es muß nicht eine bedeutsame Tat sein, ihr gleich ist ein entsprechendes Wirken und Verhalten unter den Menschen, das der lebendigen inneren Wandlung notwendigerweise folgt.

Ja, ein einziger kraftvoller innerer Entschluß, eine einzige lichtvolle Erkenntnis kann die Seele eines Menschen völlig wandeln und so alles Schuldgefühl für immer auflösen, alle Schuld für immer sühnen. Wie es bei dem Missetäter am Kreuze geschah, der ins Paradies einging.

Die äußeren Folgen der schuldbewirkenden Tat mögen noch weiterbestehen. Allein unsere Seele hat sich gewandelt und in ihrem inneren Zustand hat der Mensch den Schlüssel zum Himmelreich oder zu den qualvollen Zuständen irdischen und jenseitigen Fegefeuers. Immerhin werden einem solchermaßen gewandelten Menschen auch die äußeren Folgen sich leichter ertragbar gestalten und sich auch wandeln — durch Entgegenkommen der Schicksalsmächte, durch eigenes Erkennen und Vermögen, und vor allem durch die Hilfe und Lenkung der geistigen Welt. —

Von Irren, Fehlern und Schwächen

»Der Irrtum verhält sich gegen das Wahre wie der Schlaf gegen das Wachen. Ich habe bemerkt, daß man aus dem Irren sich wie erquickt wieder zu dem Wahren hinwendet.«
(Goethe, Sprüche in Prosa)

Sünde, Fehlen, Irren — wir wollen das als Eines fassen. Indessen gibt es auch ein Irren, ohne daß man solches Sünde nennen könnte: der Weg, der gestern für dich richtig war, kann heute ein Irrweg für dich sein. Denn der Weg des Menschen führt von einem Land der Seele in ein anderes — höher gelegenes, größeres, reicheres, und im Innersten der Seele lichteres. Wie Angelus Silesius sagt:

»Freund, so du etwas bist, so bleib doch ja nicht stehn:
man muß aus einem Licht fort in das andre gehn.«

Oder wie Goethe spricht:

»Und solang du das nicht hast,
Dieses: Stirb und Werde!
Bist du nur ein trüber Gast
Auf der dunklen Erde.«

Bisweilen aber muß der Mensch durch mancherlei Irren hindurch — bis er aus tiefstem Innen, mit ganzer Seele und mit allen seinen Kräften, mit allem Denken — Fühlen —

Tun, sich für das neue Leben entscheidet. Bislang, vor dem Irren, war sein Leben der Sittlichkeit — ein gedachtes und unlebendiges, schwächliches. Nach dem Irren aber setzt sich der Mensch ganz dafür ein und er ist im Ringen um die Sittlichkeit, mitten im Irren, erst richtig lebendig geworden: sein Erkennen hat sich gelichtet und geweitet, seine Kräfte haben sich entfaltet und sind gewachsen. Es fällt ihm wie Schuppen von den Augen: Wesenlos wird ihm, was ihn einst verlocken konnte.

Allein ganz ohne Fehler und Schwächen kannst und brauchst du nicht zu sein. Stelle deine Fehler und Schwächen insoweit ab, als sie dem Erfühlen deines innersten ewigen Lebens und der Verwirklichung desselben in deinem irdischen Bewußtsein hinderlich sind.

Dazu ist es aber notwendig, daß du Herr und Meister deiner Gedanken und Gefühle wirst und nur solches Fühlen in dir duldest, welches die Wasser deiner Seele nicht trübt, in denen ungetrübt das Licht Gottes strahlen soll.

Von Haß, Neid, Schadenfreude darf da keine Rede mehr sein und ebenso nicht von Kleinmut, Selbstzweifel, Zweifel an der Wirklichkeit und Hilfe Gottes, an der Wirklichkeit und Hilfe der geistigen Welt. Alle edlen Kräfte der Seele wirst du mit Ausdauer pflegen müssen und so auch die entsprechenden Gedanken.

Früheres Irren, frühere Schwächen achte nicht, vergiß sie für immer, auf daß sie dir nicht zum Hemmschuh werden, zur Fessel, die dich an die Vergangenheit kettet. Denn dein ist die Gegenwart, dein ist die Zukunft! Von deiner Vergangenheit beachte nur, was dir Freude weckt und dein Selbstvertrauen, dein Gottvertrauen für alle Zukunft stärkt.

Und, solltest du der Fehler haben ohne Zahl, sollte dein Irren dich zu schrecken, die Schwäche deines Willens dich verzagt zu machen suchen, so beharre und erstarke im Vertrauen auf die sieghafte Macht deines Innersten. Dann wird dir in der dunkelsten Nacht die Sonne aufgehen. Dir, der alles eigene Fehlen und Irren vergißt in restloser Hingabe an Gott den Allgütigen, den Allwirklichen.

Wenn du deinen Blick nach Innen richtest, wirst du mehr und mehr das geistige Leben erfühlen und wirst ahnend erkennen: daß das Erfühlen deines innersten geistigen Lebens alle Herrlichkeit in sich birgt, alles rechte Erkennen und alle rechte Tat. —

Laster und Süchte

Wenn jemandem ein sittlich verwerfliches Tun zur unwiderstehlichen Gewohnheit wird, von der er nicht lassen kann, dann sprechen wir vom Laster. In gewissen anderen Fällen auch von Sucht.

Ein solcher Mensch mag seine lichten Augenblicke haben, in denen er das Erniedrigende seiner Fesselung an das Laster und dessen Häßlichkeit einsieht, — die weitaus meisten Augenblicke des Tages aber verbringt er in einem Rauschzustand und handelt unter dem Zwange des Lasters. Sein klares Denken ist völlig getrübt und mit falschen Vorstellungen durchsetzt. Er lebt in einer halbdunklen Wahn- und Traumwelt, in einer völlig unwirklichen Welt — völlig verschieden von der Welt des frei urteilenden Menschen. Das Sittliche scheint ihm ein Nichts und die Erfüllung seines lasterhaften Begehrens erscheint ihm als das einzige Glück.

In einer seltenen lichten Stunde sieht er den Wahn ein. Dann aber fällt er wieder in den alten Traumzustand zurück. Eine einzige Vorstellung, von machtvollem Begehren getragen, hat die edle aber schwächliche Vorstellung der lichten Stunden im Nu ausgelöscht — wie ein mächtiger Sturm ein Kerzlein ausbläst.

Wäre er wachsam gewesen und stark und entschieden, so hätte das nicht geschehen können. Wie aber vermögen wir es, die edlen Gefühle und Gedanken, Vorstellungen in uns zum Erstarken zu bringen? Wie das Laster zu überwinden, beziehungsweise eine übermächtige Sucht?

Von den lichten Augenblicken müssen wir ausgehen. Wir haben in »Hygiene des Gedankenlebens« gelernt, welche Macht uns im Bilden von Vorstellungsbildern gegeben ist. Mittels der Vorstellungsbilder formen wir unsere Seele, lenken wir unsere Gefühle und Triebe. Stellen wir uns also in den lichten Augenblicken unser Laster vor mit seiner Häßlichkeit des Denkens, Fühlens und Tuns. Stellen wir uns vor, wie das Laster unsere Seele lähmt und sie in wehereiches Dunkel stürzt, wenn unsere Erdentage um sind. Stellen wir uns vor, welches Leid wir mit unserem Laster unseren Lieben und anderen Menschen zufügen. Dann aber erheben wir uns zu der befreienden Vorstellung, wie beseligend die innere Sittlichkeit ist, die innere Freiheit, die ständig wächst und die zur Quelle der Freude wird für uns und unsere Mitmenschen. Kurz, wir wecken Vorstellungen, lebhafte, eindrucksvolle, bewegende Vorstellungen des Ekels und Abscheus für das Laster und ebenso lebhafte Vorstellungen des beseligenden Lebens in Reinheit, Freiheit, im Dienste des Edelsten unserer Seele, im Dienste der Liebe zu den Menschen, der Liebe zu Gott.

Nach unserem Vorstellen wird uns geschehen! Hygiene des Gedankenlebens mit Achthaben auf jeden aufsteigenden Gedanken, auf jedes aufsteigende Gefühl muß außerdem unentwegt geübt werden. Und hier gilt mehr denn sonst: niemals darf, der frei vom Laster werden will, frei von einer üblen Gewohnheit, frei von einer Sucht, entmutigt werden, wenn er wieder und wieder rückfällig wird. Immer wieder erneuere er den Glauben an den Sieg — so, als ob er nie zu Fall gekommen wäre!

Denn Ausdauer in der Übung des Guten vermag, was die Menschen gemeinhin für unmöglich halten:

»Denn die Übung kann fast das Gepräge der Natur verändern; sie zähmt den Teufel oder stößt ihn aus mit wunderbarer Macht.«
(Shakespeare, Hamlet)

XIV. Vom Sinn und der Überwindung des Leides

»Wenn ich dich anrufe, so erhörst du mich und gibst meiner Seele große Kraft.« *(Psalm 138,3.)*

Wir haben gehört, daß das Leid durch Schicksalswalten zustande kommt oder durch erkennbare eigene Schuld. In letzterem Falle kann es sich wieder darum handeln, daß wir gegen unser innerstes Erkennen, Fühlen, Wollen nachgegeben haben entweder den Wünschen des Tiermenschen in uns oder der Beeinflussung durch dunkle Mächte außer uns. Oder es handelt sich um ein einfaches Irren im äußeren Erkennen. So entsteht Leid, wenn ein Arzt — Irren ist bekanntlich menschlich, jede Art von Irren — sich irrt und einen Kranken falsch behandelt. Das kann dem tüchtigsten Arzt passieren. Ein Irrtum solcher Art — und der Tod an einer Operation kann die Folge sein, mit einem Leid für die Angehörigen des Verstorbenen, das manche Seele gänzlich aus der Fassung bringt.

Für solches Leid, das den Angehörigen widerfährt, wie für gar manches Leid im Menschenleben können wir die

Ursache nicht in uns finden. Und doch ist ein Schicksalswalten da. Wie ich schon in einem früheren Kapitel gesagt habe, ist die Ursache hiefür in unserem vorgeburtlichen seelischen Verhalten zu suchen auf dem Wege unseres Falls, »Sündenfalls« — der »Erbsünde« —, auf dem Wege unseres Abstiegs aus der lichten ewigen innersten Geisteswelt hinab in immer dunklere Regionen, bis hinab in die Geburt in einen Menschentiereskörper der irdischen Welt. —

Es geschieht dir also kein Leid ohne Verursachung durch dich selbst, auch wenn du solches nicht zu erkennen vermagst.

Kannst du aber deine eigene Schuld erkennen, dann kann solches Erkennen dich vor fernerem Irren bewahren. Bisweilen aber irrt der Mensch trotz besten Erkennens und Wollens immer wieder — gib aber niemals die Hoffnung auf, — du kannst schließlich doch Irren und Leid vermeiden. Immer wieder richte die Hoffnung auf, die Zuversicht, den Glauben an das Gelingen, das Selbstvertrauen, das Gottvertrauen. —

Die Lehre des Sterbenmüssens

Vor einiger Zeit schied mir ein lieber alter Freund von dieser Erde. Ich schrieb seiner Frau, über die mit dem Tode des geliebten Gatten ein schweres, kaum ertragbares Leid gekommen war, daß ihr Gatte doch weiterlebe und ständig um sie sei. Das Weiterleben des Menschen nach dem Tode des Erdenkörpers war dem Abgeschiedenen zu dessen Lebzeiten auf dieser Erde völlige Gewißheit gewesen. Durch Jahrzehnte hindurch hatte er diese Gewißheit seiner Frau gegenüber bekundet, und auch ihr war das Weiterleben zur Gewißheit, Selbstverständlichkeit, zu einer ganz »natürlichen« Tatsache geworden.

Und doch antwortete sie mir: »Das mag ja alles ganz gut und schön sein, und es ist ja auch wahr, wenn Sie sagen, daß mein lieber Mann weiterlebt. Aber man fühlt doch die Lücke, die er zurückgelassen hat.« Ja, man sieht nicht mehr die geliebte Gestalt, hört nicht mehr die geliebte Stimme! Zu schwach ist der Seele Fühlen gegenüber der Deutlichkeit, mit der unsere Erdensinne die irdische Gestalt wahrzunehmen gewohnt waren.

Wenn aber die Seele stiller geworden ist, wenn die Wogen des Schmerzes sich wenigstens einigermaßen beruhigt haben und die Gedanken der Sorge wenigstens für Augenblicke den Menschen nicht durchstürmen — dann vermag der Mensch mit Sicherheit die lebendige Gegenwart des Geliebten zu fühlen.

Ein altes Sprichwort sagt: »Denke an das Sterben!« So sollten auch wir mitten in der Blüte unseres und unserer Lieben Leben versuchen, den Blick unserer Seele auf unsere ewige Heimat zu richten. Das bringt Seligkeit in unseren Alltag, hebt uns über die Schwere und das Dunkel desselben empor, läßt alles Leid uns geringer erscheinen und gibt uns Kraft und Können, dasselbe zu tragen, zu bessern und innerlich zu überwinden.

Das Ewige ist Wirklichkeit! Gottes Leben, das Leben und Weben der innersten geistigen Welt ist Wirklichkeit! Als selige Wirklichkeit, als befreiendes Leben können wir das Ewige fühlen.

Leichter wird ertragbar dann das Abscheiden eines geliebten Menschen von dieser Erde. Niemals, nimmermehr kann der innerlich so durchlichtete Mensch völlig zusammenbrechen oder gar dies für immer. Der Schmerz mag ihn überwältigen, er mag ihn zu Boden werfen, daß er sich wie vernichtet fühlt. Dann aber geht das Toben des Schmerzes vorüber, ein lichter Frieden wird in ihn einziehen und ihn umgeben. Und er wird, den herben Schmerz gleichwohl im Innern brennen fühlend, zu lächeln vermögen — und sehen, wie die Erde nur ein rasch verschwindendes Bild ist, die Erde, die den törichten Menschen Alles bedeutet. —

Solltest du auch nicht so verfahren können bezüglich jedes anderen Leides? Ja, nur durch Übung wird ein Seelenzustand stärker. Und wohl dem, der die herrlichste, segensreichste, nutzbringendste, wertvollste Übung pflegt: das Auge der Seele täglich auf das Ewige zu richten.

Denn schwer lastet der Massenwahn auf den Menschen: daß der Mensch nur von dieser Erde ist. Er ist eine Massenhypnose, dieser Wahn. Er ist der dichten Wolkendecke meines Bildes »Nicht denken!« im Kapitel »Hygiene des Gedankenlebens« vergleichbar, die das Licht der Sonne inneren Erkennens und Wahrnehmens nicht in das irdische Bewußtsein des Menschen gelangen läßt und so auch nicht die stille, lebendige, belebende, befreiende, beseligende Hilfe der geistigen Welt.

Das aber ist die Aufgabe dieses meines Erdenlebens, daß ich mithelfe, diese dichte Wolkendecke aufzulösen: für viele, damit wenigstens etwas Licht in ihre Seele gelange, für einzelne, damit die Wolken wenigstens für Augenblicke auseinanderweichen. Dann wird in solchen Augenblicken das unaufdringliche und doch so machtvoll befreiende Licht und Leben der geistigen Welt unmittelbar erfühlbar. Und diese Augenblicke werden die kostbarsten des Erdenlebens sein. —

»Auf den Berg rette dich!«

Als Lot von zwei Engeln aus Sodom hinausgeführt worden war, sprach der »Herr« zu ihm: »Errette deine Seele und sieh nicht hinter dich; auch stehe nicht in dieser ganzen

Gegend. Auf den Berg rette dich, daß du nicht umkommst.« Sein Weib aber sah hinter sich und erstarrte zur Salzsäule.

So sollst auch du nicht zurücksehen auf ein Leben voll von Irren und dich nicht verweilen in der Gegend der Gedanken des Selbstzweifels und der Mutlosigkeit, sondern dich retten auf den Berg der Hoffnung und Zuversicht, des Selbstvertrauens und Gottvertrauens. —

Ein Klosterbruder

Vor Jahren beriet ich einmal seelenärztlich einen jungen Mann, der nicht zu erkennen vermochte, welchen Lebensweg er einschlagen sollte. Er war einige Jahre Bruder in einem Kloster gewesen und doch zog es ihn auch immer wieder hinaus, zu leben wie seine übrigen Mitmenschen. Als er zu mir kam, liebte er ein Mädchen, mit dem er sich fürs Leben verbinden wollte. Oder sollte er wieder ins Kloster zurückkehren? Zu der Geliebten fühlte er sich mächtig hingezogen und fast nicht minder mächtig zurück zum Kloster. Nicht als ob er das Leben unter Menschen scheute, nein, es zog ihn auch zu diesem Leben hin. Die Sehnsucht nach einem Leben der Hingabe an Gott war es, deren Erfüllung er im Kloster suchte. Nun sollte er sich für immer entscheiden. Die Stunde war gekommen.

Ich bedeutete ihm, daß er ja auch im weltlichen Leben Gott dienen könne und daß solcher Gottesdienst wohl schwer aber verdienstvoll sei und zu einer reichen Entfaltung und zu einer Erstarkung der Kräfte der Seele zu führen vermöge.

»Ja«, sagte er, »wenn ich aber zurückblicke, dann sehe ich mich hin- und herschwanken zwischen Kloster- und Weltleben. Ich fürchte, ich schwanke weiter und werde, wenn ich heirate, nicht nur mich, sondern auch meine Frau unglücklich machen. Oh, ich unglücklicher Mensch! Denn auch im Kloster werde ich mich niemals glücklich fühlen. Wie, wie kann ich diesen Zwiespalt beseitigen?«

Ja, er sollte einen festen Entschluß fürs Leben fassen. Da kam ihm die Erkenntnis: im Kloster würde ihn niemals die Sehnsucht nach dem weltlichen Leben verlassen und der Gedanke, daß er sich nicht für die Geliebte seines Herzens entscheiden konnte, würde ihn tief unglücklich machen und ihn gleichfalls niemals verlassen. Im weltlichen Leben und in der Ehe könne er voll und ganz Gott dienen durch ein Leben edlen Strebens und der Liebe. *Nur dürfe er nicht zurücksehen auf sein früheres Leben. Denn das würde ihn an sich selber irre machen und seine Kräfte lähmen.* »Jesus spricht«, rief er in Erkenntnis und mit froher Entschlossenheit aus: »*Wer die Hand an den Pflug legt und sieht zurück, der ist nicht brauchbar für das Reich Gottes!*«

Kurz danach heiratete er und wurde glücklicher Ehegatte wie ein nicht minder glücklicher Schullehrer, der mit froher Hingabe seinem Berufe lebt. Niemals wieder, ich begegnete ihm später mehrmals, hörte ich von Sehnsucht nach dem Klosterleben und von innerem Zwiespalt. Sah es ihm auch nicht am Gesicht und an den Augen an. Denn innere Unzufriedenheit drückt sich da irgendwie aus. —

Die Überwindung des Leides

Auch du blicke nicht zurück, — ob es sich nun um ein Leben der Irrungen oder äußeren Versagens, äußeren Mißlingens handelt, oder um irgend welches Unglück, das dich getroffen durch eigene Schuld oder durch Schicksalswalten, oder um Enttäuschungen, Entbehrungen, Kummer, Verluste verschiedener Art, um den Verlust der Gesundheit, um eine schwere, langwierige Erkrankung.

Blicke nicht zurück auf das Leid der Vergangenheit, es sei denn, um daraus zu lernen. Erhebe dich über das Leid der Gegenwart und schon im voraus über etwa drohendes Leid der Zukunft!

Du bist alt und gebrechlich? Hast Geld und Gut, Haus und Hof, ein trautes, gemütliches Heim und eine traute liebgewonnene Heimat verloren? Der schrecklichste aller Kriege hat solches Leid vielen Menschen gebracht.

Nun lebst du in einem kleinen Stübchen, mit dürftiger Einrichtung — und die Menschen deiner neuen Umgebung sind vielleicht fromme Christen dem Kirchgange nach, aber ihr Herz kennt nicht Christus, es ist kalt und ihre Seele ist tot und fühlt nicht mit dir. Es gibt freilich auch genug echte Christen des Herzens, die nicht nur in der Kirche, sondern auch durch ihre Tat Christus anbeten. Die Herzenskälte der Menschen aber macht dich mehr frieren als der Winter mit knappem Heizmaterial und knapper Ernährung.

Da höre ich dich sprechen: »O, könnte ich doch sterben, ich sehne mich danach.« Nein, du sollst leben und jeder Augenblick, den du hier auf Erden verbringen kannst, ist kostbar für deine Ewigkeit.

Lerne, o verzagender Mensch, daß alles, was dich erfreuen könnte, Gott für dich geschaffen hat. Die Sonne oben am Himmel leuchtet nur, damit du an ihr dich freust. O, freue dich über jeden Sonnenstrahl! Über jedes Blümchen, das Gott für dich wachsen läßt! Ja, um deinetwillen hat Gott die ganze Welt geschaffen, daß du die Augen öffnest und dich freust an Farbe und Form, am Lachen der Kinder und am Zwitschern der Vögel, an dem Sonnenstrahl, den die siegende Sonne am Morgen in dein Fensterchen schickt und an der Abendröte, mit der die scheidende dich grüßt und dir zuruft: »Ich komme wieder. Sieh zu, daß du aufwachst in deiner Seele!«

Darum schüttele ab die Gedanken des Kummers, in denen du dich vergräbst und in denen deiner Seele Leben erstirbt. Dein Leib, dein Gehirn mag altern, du aber kannst seelisch jeden Tag neu geboren werden, kannst von Tag zu Tag seelisch lebendiger werden.

Öffne deine Seele dafür, was dich erfreuen kann und verschließe sie dem Kummer, dem Gram, der Verzweiflung — verschließe sie dem Leid! Es bringt dir nichts ein, — es sei denn das kostbare Gut, daß du dich innerlich »auf den Berg« begibst, wie der »Herr« Lot geheißen hat. Sich auf den Berg begeben heißt: hoch über dem stehen, was dich mit Gram erfüllen will und was du doch — gar bald — verlassen mußt für immer. Heißt: die Seele allem Erfreulichen öffnen. Heißt: mutvoll und unermüdlich Ausschau halten, nachdenken, sich bemühen, die kleinste Hilfe wahrnehmen und benützen, um die äußere Lage zu verbessern. Denn beides gilt es zu tun: sich nicht festzuketten am Betrachten des Verlorenen und sich anderseits zu bemühen, inneres aber auch äußeres Glück zu gewinnen. Auch über die kleinste Gabe, den kleinsten Erfolg sollst du dich freuen! Du sollst dich üben in der Pflege der Freude. Sei Gott dankbar für jede kleinste Gabe, — denn auch was dein Verstand oder deine Hände dich gewinnen lassen, ist Gottes Gabe, wie ich schon früher dargelegt habe.

Auf den Berg begib dich, hoch über die Verkettung an die Dinge der Vergänglichkeit! Lerne bestimmen, was deine Seele wählt, laß sie nicht von den Dingen bestimmt werden, und wähle in jedem Augenblick mit seelischer Anteilnahme nur, was dich erfreut. Dennoch sollst du ganz mitfühlen mit deinen trauernden und leidenden Brüdern und Schwestern — allein laß auch von diesem Leid dich nicht verketten. Halte deine Augen und dein Denken offen für alles, doch nur vom Erfreulichen laß deine Seele bewegt werden.

Und wenn du mit den Trauernden trauerst, so trauerst du nur, weil du mit ihnen fühlst und ihnen helfen willst.

Auf den Berg deiner Seele begib dich, Gott näher und näher, und empfange seinen Segen und fühle seine liebende Nähe.

So lernst du alles Leid überwinden. Es ist nicht leicht. Allein es ist dein Weg zum Glück, zur Besserung auch äußeren Schicksals.

Und was du hier an Glück und Kraft und Glauben dir gewinnst und erübst in täglich neuer Lebensübung, in stündlich neuer, das bleibt dir für die Ewigkeit. Ja, dem Lebendigen ist jeder Augenblick neu, jeder Augenblick gottgesegnet und ein Schlüssel zum Himmelreich — ein Schritt näher immer hellerem Lichte.

In diesem Lichte verflüchtigt sich dein Leid, wie im Tageslicht die Nacht. *Denn in deiner innersten Seele wohnt Gott als ewige Freude.* Und nur Gott ist die Wirklichkeit.

So schwer es ist, sich vom *Wahn* des Leides zu befreien — versuche es, und Gott und seine Engel haben nur diesen einen Willen: *dir dabei zu helfen.* —

XV. Nicht zu viel

»Es ist indeß ein sonderbares Bestreben oft genug im menschlichen Geiste bemerkbar, ein Bestreben, dem schon die zweite Inschrift des Tempels von Delphi galt, das: *»nicht zu viel«* — dieser oft schwer zu hemmende Drang führt nämlich dahin, eine an sich löbliche und fruchtbringende Richtung *bis zum Extremen zu verfolgen*, und das, was erst schön und

gut war, zuletzt wahrhaft ins Absurde zu verkehren.«
(C. G. Carus, Symbolik der menschlichen Gestalt.)

Und dann nennt Carus dieses Bestreben die »alte Leidensgeschichte der Menschheit, welche in der Kunst so oft zum Verfall geführt hat, welche in der Politik immerfort mit Verderben droht, welche in der Wissenschaft so vielerlei Auswüchse bedingte«. An anderer Stelle spricht Carus von dem »Nichts zuviel«: »Dies war es, was mein Leben selbst gesund erhielt und vor allem Übermaße bewahrte, was aber überhaupt den Begriff des Maßes mir aufgehen ließ.«

Der Rhythmus des Lebens

»Tages Arbeit, abends Gäste!
Saure Wochen, frohe Feste!
Sei dein künftig Zauberwort.«
(Goethe, Der Schatzgräber.)

Tag und Nacht wechseln miteinander ab, die Jahreszeiten wechseln, die Brunftzeiten der Tiere kommen und gehen, und im Leben der Frau kehrt in bestimmten Abständen die monatliche Regelblutung wieder.

Im Organismus finden wir, wie Ausatmung mit Einatmung wechselt, Herzmuskelzusammenziehung mit Herzmuskelerschlaffung, wie die Funktionen anderer Körperorgane wechseln und andere sind im Verlaufe des Tages und der Nacht. Den wichtigen Rhythmus im Körpergeschehen beginnt man erst jetzt nach und nach zu erschließen.

Es ist gut, wenn wir das Gesetz des Rhythmus' in unserem gesamten Leben beachten. Dem regsamen Tage folge die lösende Ruhe der Nacht — es ist aber gewiß nicht nur der Ersatz tagsüber verbrauchter Körperenergien, der sich in der letzteren vollzieht. Das Geheimnis der Nacht mit ihrer großen Bedeutung für die menschliche Seele kann sich nur dem berufenen Seher öffnen. Gar manche Nacht bringt dem Menschen eine seelische Erneuerung und Befreiung, die durchaus nicht eine bloße Erquickung des Gehirns durch tiefen Schlaf ist. Und in Gestalt eines Traumes kann sich die Seele von hemmenden Banden befreien oder beglückt ein neues Land inneren Lebens betreten. In meinem Büchlein »Heilwege der Seele« bin ich auf die »Welt des Traumes« näher eingegangen.

Der Anspannung des Tages folge also die Entspannung der Nacht, — in der, wie gesagt, keineswegs nur Kräfte ersetzt werden, in der auch der Anreiz, den der Tag dem Erkennen des Verstandes und dem Erkennen, Fühlen und Streben der Seele gegeben hat, verarbeitet wird.

Aber auch tagsüber schalten wir Pausen der Entspannung ein: Dem einen ist entspannendes Ruhen oder wenigstens Sitzen förderlich, dem andern vielleicht ein gemütlicher kurzer Spaziergang. Wieder andere wählen nach der Büroarbeit die von vielen als so wohltuend empfundene und auch der Seele so förderliche Gartenarbeit. Überhaupt kann dem »Kulturmenschen« nicht genug empfohlen werden, immer wieder die Verbindung mit der Natur aufzunehmen. Blicke doch einmal unbefangenen Denkens und mit aufnahmebereiter Seele in die Morgensonne und du wirst empfinden, wirst fühlend mit aller Sicherheit erkennen: daß Gott ein Gott der Kraft ist, unerschöpfliche Fülle an Kraft. Unerschöpfliche, ruhige, stille, lebendige Kraft wohnt auch in dir!

Ein Blick in den blauen Himmel, die Beobachtung der ziehenden Wolken — auch das ist Fühlungnahme mit der Natur. Selbstverständlich — und ich spreche hier zu dem Menschen, der mitten in der Großstadt wohnt — die liebende Betrachtung von Blume, Strauch und Baum in einem städtischen Park und die Beobachtung der munteren Vogelwelt.

Abends »Gäste« bedeutet für den schlichten Arbeiter nach des Tages Anspannung und Mühen in Fabrik und Bergwerk das Spiel mit seinen Kindern und das Gespräch mit seiner Frau, an deren mannigfachen — so wenig geachteten — Aufgaben er fühlend, verstehend und helfend Anteil nimmt.

Abends »Gäste« bedeutet für diesen ein Buch, für jenen Musik, Theater, für die meisten Hausfrauen wohl weder dies noch jenes — sondern die Instandhaltung der Wäsche und Kleidung oder eine »Handarbeit«, die die Wohnung schmücken soll. All dies ist Entspannung nach dem Gesetz des Rhythmus und solche Entspannung bedeutet Ausruhen von einer Art von Beschäftigung, um in anderer Beschäftigung wieder andere Kräfte zu üben. Nur die Nacht schalte alles bewußte Bemühen aus.

So ist es denn von großer Bedeutung, wie wir unseren Tagesrhythmus gestalten, den wir, mehr empfindend und fühlend als denkend, erkennen können.

Um aber noch als Arzt aufmerksam zu machen, was dem körperlichen Wohlbefinden dient, weise ich auf einiges hin, das wohl bekannt ist, aber wenig beachtet wird. Der Rhythmus betrifft alle Lebensvorgänge. Die Nahrungsaufnahme halte sich daran. Rhythmus und Maß gehören zusammen. Erst wenn der Magen entleert ist, soll er, dem Gesetz des Rhythmus folgend, wieder gefüllt werden. Da aber die Essenszeiten des zivilisierten Menschen »geregelt« sind, soll der Mensch seinem Körper nur jenes Maß an Nahrung zuführen, das der Magen bewältigen kann, um zur folgenden Essenszeit wieder leer zu sein. Auch hier gibt es große individuelle Unterschiede. Auf das für das körperliche aber auch für das seelische Wohlbefinden bedeutsame Was und Wie der Ernährung komme ich in meinem diesbezüglichen Büchlein zu sprechen.

Dem Gesetze des Rhythmus folgend regeln wir auch unsere Stuhlentleerung, deren geregelter Ablauf für das Wohlbefinden des Menschen gleichfalls von Bedeutung ist.

Auch das Geschlechtsleben des Menschen kennt einen Rhythmus; Mann und Frau haben durchaus nicht den gleichen Rhythmus geschlechtlichen Verlangens. Hier schafft aber seelische Harmonie das Ausschwingen des körperlichen Begehrens in liebendes Zugetansein und vermag das körperliche Verlangen — das Nahrung wird dem Wachstum der seelischen Liebe! — völlig anzupassen: das des Mannes dem der Frau und umgekehrt.

Wir können uns unseren Rhythmus selber schaffen, — beachten aber sehr wohl die naturgewollten Verhältnisse: so werden wir ja uns nur zum Schaden die Nacht zum Tage machen.

Alles Körperliche hat eine seelische Entsprechung. Und wenn wir auch als ewige Geistesmenschen nicht an das Gesetz des irdischen Rhythmus *gebunden* sind, so sind wir ihm doch *verbunden.*

So ist es nicht willkürlich gewählt, wenn den sechs Tagen der Arbeit und des Alltags folgt der Sonntag mit Arbeitsruhe und der Hinwendung der Seele zu Gott. Denn erst diese Hinwendung gibt den Wochentagen ihren Sinn und gibt den Menschen die Weise an, wie die Tage *gelebt,* nicht *verlebt* sein wollen und sollen.

Wir wenden aber nicht nur sonntäglich unsere Seele Gott

zu, sondern tun es stille den ganzen Tag auch wochentags. Und unter Benützung des helfenden, kraftverstärkenden Gesetzes des Rhythmus beginnen und beenden wir unseren bewußten Tag mit Sammlung unserer Gedanken und des Fühlens unserer Seele auf die Hingabe an Gott. Sowie auf die Bitte um Hilfe, um Erkenntnis und Kraft gerichtet an Gott und seine Helfer in der geistigen Welt. —

Nicht zu viel!

Die Beachtung des Gesetzes des Rhythmus schließt in sich die Beachtung des Maßes und des »Nicht zu viel«.

Diesem sollen noch einige Hinweise gelten. Denn es ist oft nicht leicht, den eigenen Rhythmus zu erfühlen, der durch das Übermaß gestört wird. Übermaß hat nicht nur körperliche und seelische Folgen für den betreffenden Menschen — Übermaß ist schuld an den entsetzlichen Verirrungen der heutigen Menschheit. Übermaß nämlich in der Pflege des Verstandes zum Schaden des Lebens unserer Seele, Übermaß in der Sorge für äußere Erfolge — der Technik, der Wirtschaft — bei fast gänzlichem Nichtbeachten dessen, was der Mensch in Wirklichkeit ist.

Nun aber zum »Nicht zu viel« im Alltag! Wer seine Kräfte ständig überspannt, kann und wird einst zusammenbrechen, mit einer Erschöpfung des Nervensystems, das ja bei jeder Anspannung in erster Linie beteiligt ist. Schwere organische Krankheiten können die Folge sein. Ein jeder hat ein individuelles Maß an Lebenskraft, Leistungsfähigkeit, Organgesundheit mitbekommen, das im Verlaufe des Lebens manche Abänderung erfährt.

»Nicht zu viel!« spricht daher der Arzt in der Sprechstunde zu jedem, der ihn wegen Beschwerden aufsucht. Dieses »nicht zu viel« mag sich auf berufliche Tätigkeit, auf körperliche Anstrengungen verschiedener Art, auf Menge und Art der Nahrung oder auf Seelisches beziehen. Zumal heute sind viele Beschwerden »nervös« bedingt und hier wieder zumeist seelisch, durch Sichsorgen, durch Aufregungen.

»Nicht zu viel!« sagt der Arzt dem Raucher, »nicht zu viel« der Frau, die nicht schlafen kann, weil sie starken Bohnenkaffee liebt.

»Nicht zu viel« gilt von jeder Art von Genuß, gilt für Spiel, Sport, Vergnügen, »Zerstreuungen« aller Art.

»Nicht zu viel« gilt nicht nur für alle Betätigung des Verstandes, sondern auch für die Betätigung aller Vermögen unserer Seele. So ist gewiß Lachen gesund und dies nicht nur für den Leib, sondern mehr noch für die Seele. Laß dein Kindchen dich Lehrmeister sein! Kitzle es und es wird laut auflachen. Nach einiger Zeit aber wird es sich von dir abkehren und sich wieder, stillvergnügt, doch nicht mehr lachend, seinem Spiele widmen.

»Nicht zu viel« gilt selbst für die Betätigung unseres göttlichsten Seelenvermögens, des Fühlens der Liebe, in Bezug auf einen bestimmten Menschen, einen bestimmten Gegenstand, ja, selbst im Bezug auf Gott. Es gilt auch für das Gebet und für die bewußte Einstellung unseres Denkens und Fühlens auf das Höchste und Einzigwirkliche: auf Gott.

Auf daß auch hier die betätigten Kräfte sich nicht erschöpfen. Denn alles gesunde Leben hat seine Form und sein Maß.

Nur die heitere Ruhe kennt kein »Nicht zu viel«. Sie ist aber das Leben unserer ewigen Seele selber und eine stetig fließende Quelle der Kraft, die alle unsere Kräfte zu speisen vermag. —

»Nicht zu viel« ist jenem zuzurufen, der über Berufsarbeit, politischen Interessen, anderen Interessen, Bestrebungen, über Vergnügungen das Leben in und mit der Familie vergißt, welches für das Wohl und Werden der Seele von kaum zu ahnender Bedeutung ist.

»Nicht zu viel« rufe ich dir zu, wenn ein Gedanke dich nicht losläßt, wenn du dich in diesen hinein »verrennst«, »verbohrst« und darüber Welt, Leben, Wirklichkeit vergißt.

»Denke, aber denke nicht zu viel,
Es kommt doch so, wie Gott es will«

lautet ein Sprichwort des Volkes.

Nun es kommt wohl nicht so, wie Gott es will — denn nur im Himmel *geschieht* Gottes Wille, auf der Erde »*geschehe*« er, wie es im Vaterunser heißt, — aber darin hat das Sprichwort recht: »Denke nicht zu viel!« In gewissem Sinne hat das Sprichwort freilich recht, wenn es sagt: »Es kommt doch so, wie Gott es will.« Denn Gottes Güte verläßt den Menschen nicht:

»Wenn die Not am größten,
Ist Gottes Hilfe am nächsten.«

Daher sorge, aber sorge dich nicht! Oder wenigstens, sorge dich nicht zu viel!

Überdenke, was dein Denken bewegt, wenn du aber erkennst, daß du alle dir ersichtlichen Möglichkeiten durchdacht hast, dann wende dein Denken anderem zu. Später wird das, was dein Denken, was dich fesselte, dich ganz gefangen hielt, frei in dir aufsteigen und du wirst mit einem Blick die wirklichen Verhältnisse übersehen und leicht richtig erkennen, was du zu tun hast.

Das gilt für Gedanken über alles: über Menschen und Verhältnisse, wie über dich selbst.

Bitte auch Gott und seine Engel, daß sie dein Erkennen

führen und erleuchten, wenn es sich um wichtige Angelegenheiten handelt.

Ja, bitte Gott und seine Engel um rechtes Erkennen für alle Angelegenheiten des Alltags und für dein ganzes Leben.

Und gib Gott deine Sorgen hin, ihm vertrauend und ihn bittend um Führung und Hilfe.

So wird dir Erleuchtung kommen, — die ein inneres Erkennen ist, ein lichtes, befreiendes Innewerden der Wahrheit, — das dein Denken ergänzt und dich erkennen läßt, was Denken allein nie und nimmer hätte finden können. —

Suche vor allem in der inneren heiteren Ruhe zu verweilen. In dieser wirst du den Rhythmus deines Lebens am besten erkennen, empfinden, erfühlen und so Übermaße vermeiden lernen.

Da aber der Mensch nicht von dieser Welt ist — in seinem Innersten, Wesentlichen —, soll sein irdischer Rhythmus dem innersten ewigen Rhythmus unterstellt werden, der dem Fühlen in der heiteren Ruhe der Seele erkennbar wird.

Vielleicht wird der irdische Rhythmus samt allen irdischen Maßen manchmal aufgegeben werden müssen, um dem Willen Gottes in uns zu entsprechen.

Der Wille Gottes in uns will vielleicht, daß wir durch mancherlei Irren gehen, um zur lebendig erkannten und gewollten »Tugend aus Gottes Willen« zu gelangen. Auf daß wir unser Bewußtsein und Leben formen nach unserem innersten ewigen Rhythmus, nach unserem »inneren Bilde«, nach dem Willen Gottes in uns.

Vielleicht wird unser äußeres, vergängliches Lebensglück dadurch gestört. Aber wenn uns so Leid widerfahren sollte, so wird dieses überstrahlt von einem inneren Lichte und in diesem schließlich vergehen. Denn alles äußere Wohlbefinden und Gedeihen ist vergänglich und schenkt uns nicht Frieden und Seligkeit.

Wo wir freilich irdischen Rhythmus beachten können, sollen wir das tun.

Dann werden wir das Leben des wahren Menschen leben und den Rat der Weisen des Altertums befolgen:

»Nicht zu viel!«

XVI. Mann und Weib

»Er war Mann und Weib.« (Jakob Böhme)

Der Ausgangspunkt von allem ist Gott. In ihm ist alles Einheit. Und Einheit ist in der ewigen geistigen Welt. Die äußere vergängliche Welt der Erde — verglichen mit der inneren Welt eine Welt unvorstellbarer Schwere und Hemmung, unvorstellbaren Dunkels, eine Welt der Starre und des Todes, des Nichtlebendigseins, des Nichtbewußtseins, des Nichtwahrnehmens, des Nichterkennens, der Gebanntheit in Unbeweglichkeit — die äußere Welt der Erde kennt nur Verschiedenheit bei Getrenntheit. Kennt nur Nebeneinander, während in der innersten geistigen Welt auf irdisch unvorstellbare Weise alles Nebeneinander auch ein Ineinander ist.

In der innersten geistigen Welt lebt der Mensch in ununterbrochenem licht-lebendigen Erleben der Einheit mit allen anderen Menschen dieser Welt, mit allen Engeln, mit allen geistigen Formen und Gestaltungen dieser Welt, in völligem Einheitserleben mit Gott, in dem alles Eines und Einheit ist.

Das ist nun nicht Philosophie, sondern klipp und klare

Darstellung dessen, was der Erlebende, der zu seinem einstmaligen, ewigwirklichen, unvergänglichen Leben als geistiger Mensch Wiedererwachte, ununterbrochen erlebt, wahrnimmt, erkennt. —

Den ewigen geistigen Menschen gelüstete es aber, die Welt der Getrenntheit kennen zu lernen. Da fiel er in Schlaf — er verlor das Bewußtsein seines ewigen geistigen Wesens und Lebens.

Den Menschen zog es tiefer in das Reich der Getrenntheit hinein und so ward nun getrennt, was in ihm vereinigt war.

In der ewigen geistigen Welt ist volles Bewußtsein nur möglich in bewußter Einheit mit Gott und in ihm mit der ganzen geistigen Welt.

Als ein unendliches Meer des Lichtes und Lebens erlebt sich der ewige geistige Mensch. Und alle Engel erlebt und erkennt er in sich. In Vereinigung mit Gott, in Vereinigung mit allen Engeln erlebt, erkennt er sich. Und zugleich erlebt er sich als ein geistiger Mensch, mit edler menschlicher geistiger Gestalt. Als solcher sieht er — unendlich herrlicher als er — die Heerscharen himmlischer Menschen und Engel über sich. Und sieht sie zugleich in sich und sich in ihnen, und betet in ihnen an: sein eigenes ewiges Leben, das da Gott ist und preist es ohne Unterlaß.

Da ist Mann und Weib in verschiedener geistiger männlicher und weiblicher Gestalt — und doch im Innersten geistig eins: ein einziger himmlischer Mensch.

Und der Seher kündet, daß es das Weib dieses himmlischen Einheitspaares, das im Himmel, im Paradies weilte und sich an dessen Herrlichkeiten erfreute, — daß es das Weib war, das es verlangte, vom Baum der Erkenntnis der Welt der Getrenntheit zu essen.

So fiel der himmlische Urmensch, bestehend aus dem himmlischen Paar, nicht nur in Schlaf, sondern die eine

Hälfte, das Weib, verkörperte sich in einem weiblichen, die männliche Hälfte in einem männlichen Erdenmenschenkörper. Denn der Mann mußte dem Weibe folgen in die Verkörperung auf dieser oder auf einer anderen Erde der unzählbaren Erden dieses irdischen Universums hinein, — da in der geistigen Welt Reinmännliches und Reinweibliches für sich nicht bestehen können. —

Töricht nun der Erdenmensch, der etwa das Männliche in sich oder im Mitmenschen höher einschätzen wollte als das Weibliche.

Es ist ja *ein* Gottesleben, das sich im Weiblichen wie im Männlichen offenbart, — denn Gott ist, wie der himmlische Mensch, den Gott sich ja »zum Bilde« schuf, — Mann und Weib. So ist denn Gott nicht nur unser Vater, sondern auch unsere Mutter! Niemals aber offenbart sich Gott als Nurmännliches oder Nurweibliches. Alles Leben besteht: in der Geisteswelt in der Vereinigung, Verschmelzung, völligen Einheit des Männlichen mit dem Weiblichen, bei Wahrung der vollen Eigenart der männlichen und weiblichen Teile. Und es besteht in der irdischen Welt im Zusammenwirken männlicher und weiblicher Kräfte.

Im ewigen Geistesleben ist männliche Kraft und männlicher Gestaltungswille stets vereint mit dem »Ewig Weiblichen«, mit Freude und mit fühlender Liebe.

So ist auch in der Fortwirkung und im Abglanz der geistigen Welt, stets Männliches und Weibliches zugleich wirksam. Im Atom kreisen negative Elektronen um den positiv elektrischen Atomkern, und die Planeten ziehen in ähnlicher Weise ihre Bahnen um die Sonne. Männliches und Weibliches finden wir vereinigt in der Blüte der Pflanze und in der niedersten Tierwelt. Dann aber streben beide auseinander, und beim Menschen finden wir im Körperlichen und Seelischen des Mannes und des Weibes größere

Verschiedenheiten als beim höchstentwickelten Tier. Dennoch finden wir bei der Frau wie beim Manne einerseits Gemeinsames, anderseits Männliches bei der Frau und Weibliches beim Mann. Kann doch der Mann nicht entbehren des Empfindens und Fühlens der Seele und benötigt anderseits die empfindsame Frau eines entscheidenden und handelnden Willens in allen Lagen des Lebens.

Ein Nur-Männliches erschiene uns zu hart und würde uns ebenso abstoßen wie das Allzuweiche und Nachgiebige, Empfängliche und Empfindsame, Beeindruckbare und Widerstandslose des Nur-Weiblichen. Unlebendig wäre das eine, weil es nicht aufnahmefähig wäre für äußere und innere Anregung — und unlebendig wäre das andere, weil es die empfangenen Anregungen nicht gestaltete.

»Denn wo das Strenge mit dem Zarten,
Wo Starkes sich und Mildes paarten,
Da gibt es einen guten Klang.«
(Schiller, Das Lied von der Glocke)

Nur das Innere, Geistige des Erdenmenschen ist durch die Spaltung des himmlischen Paares rein männlich beziehungsweise rein weiblich. Daher die Sehnsucht des Mannes und der Frau nach Vereinigung, — ja, nach völliger Verschmelzung in Leib und in Seele. —

In fernen Zeiten verehrte man die höchste Gottheit als Mann und Weib. Ich erinnere nur an Isis und deren Göttergemahl Osiris. Wer, dem es nur einmal zu Herzen gedrungen, kann Arie und Chor der Priester in der »Zauberflöte« vergessen?:

»*O Isis und Osiris,*
schenkt der Weisheit Geist dem neuen Paar!
Die ihr der Wanderer Schritte lenket,
stärkt mit Geduld sie in Gefahr!«

Und die Arie schließt:

»Nehmt sie in euren Wohnsitz auf!«

So sei jedem Ehepaar auf dieser Erde gesungen, auf daß es in den Wohnsitz der männlichweiblichen Gottheit aufgenommen werde und so ein wirkliches neues Ehepaar des Himmels werde, durch Aufhebung der Spaltung werde wieder der eine himmlische Mensch. —

Im heiligsten Tempel der ältesten Klöster des Ostens stand als hehrstes Heiligtum die Göttin, aus purem Golde geformt und geheimnisvoll verhüllt durch kostbarsten seidenen Vorhang.

Der gottsuchende Mann sollte innerlich empfinden, erfühlen und so seelisch schauen und erkennen lernen:

»Alles Vergängliche
Ist nur ein Gleichnis;
Das Unzulängliche,
Hier wirds Ereignis;
Das Unbeschreibliche,
Hier ists getan;
Das Ewig-Weibliche
Zieht uns hinan.«
Goethe, Faust (Schluß).

Das Ewig-Weibliche zieht uns hinan in unserer Seele! Der Mann bleibe ganz Mann mit entschiedenem Wollen und kraftvollem Handeln. Er suche das ewige Geistesleben in sich zu erfühlen, das Mann und Weib ist, und so in sich aufzunehmen das Ewig-Weibliche, das ihn liebend, tröstend, beseligend, belebend und stärkend umfängt und erfüllt, — allein er empfängt es nicht, wenn er nicht seine Seele dafür öffnet. Er lerne das Weibliche schätzen und lieben im Empfinden und Fühlen seiner Seele, im Weibe, in der ganzen Natur. Denn in dieser schafft das Weibliche zum Beispiel die rundlichen Formen und weichen, zarten

Farben an Wolken, Himmel, Landschaft, Pflanze, Tier und Mensch und an allen deren Äußerungen. Leicht läßt sich das Entsprechende für das vorwiegend Männliche in der Natur finden.

Das Weib aber lasse sich nicht dazu verführen, im Männlichen das zu sehen, was etwa hoch über dem Weiblichen stehe und vor diesem den Vorrang besitze. Es lerne sein eigenes Wesen schätzen, mit seiner Pflege der liebenden Betreuung von Mann, Kind, Eltern, Heim; mit seiner Pflege der Freude und der heiteren, friedlichen Gemeinsamkeit in der Familie und außerhalb derselben; mit seiner zärtlichen Anschmiegung an den Mann als seiner Ergänzung für Zeit und Ewigkeit.

Während beim Weibe kein Mangel an Bewunderung für das Wirken und Schaffen des Mannes, das so auffällig hervortritt neben dem stillen Wirken der Frau und Mutter, besteht, verhält es sich beim Manne anders. Dieser pflegt geringschätzig herabzusehen auf das weibliche Wesen und seine Lebensleistungen. Wohl dem Manne, der in der beseligenden Nähe seiner Frau erkennt, daß diese Nähe mehr ist als all sein Schaffen, Streben und forschendes Erkennen, als aller Reichtum, alle Güter dieser Erde und alles Ansehen unter den Menschen. Denn das weibliche Wesen ist die irdisch sichtbare und seelisch fühlende Form, in der sich ihm das Ewig-Weibliche naht, und mit ihm die unendliche Fülle göttlichen Lebens. So wird seine Seele erhoben in den Himmel, um dort — irdischem Auge wohl unsichtbar, sehr deutlich aber dem Fühlen der Seele erkennbar — mit der Seele seines Weibes den ewigen Einheitsmenschen wieder erstehen zu lassen.

Und dies gilt ebenso für die Frau.

In diesem ewigen Einheitsmenschen findet die tiefste und höchste Sehnsucht aller Menschen Erfüllung. In diesem ewigen Einheitsmenschen erfolgt die Vereinigung mit Gott und seinen Engeln. In diesem ewigen Einheitsmenschen allein findet die Seele ewigen Frieden und ewige Freude.

Wohl finden nur selten Menschen hin zu diesem ewigen Einheitserleben schon auf dieser Erde. Wer die Ratschläge meines Buches befolgt, seine Seele vor allem der ewigen Liebe in sich öffnet und dem Erfühlen ewigen geistigen Lebens, der kommt diesem Ziele sehr nahe schon auf dieser Erde. Die Ehe aber kann dem Menschen ein göttlicher Helfer auf diesem Wege werden, und Gott selber hat sie den Menschen als solchen gegeben. —

Die Ehe

> *»Und Gott schuf den Menschen ihm zum Bilde, zum Bilde Gottes schuf er ihn; und schuf sie (die Menschen) einen Mann und ein Weib.«*

> *»Da ließ Gott der Herr einen tiefen Schlaf fallen auf den Menschen.«*

Das heißt: Gott hinderte nicht, daß der himmlische Mensch in Schlaf fiel, daß er das Bewußtsein der himmlischen Welt verlor. Dann erst erfolgte die Schöpfung des Weibes, das, wie der Seher kündet, *zuerst* hineinstrebte in die irdische Welt, sich dem werdenden Menschenkörper in einem Mutterleibe verband und so das Tier zum Menschen machte. Da aber der männliche Teil in der himmlischen Welt allein nicht bestehen kann, folgt er nach in die Geburt in einem männlichen Körper.

Die Sehnsucht nach der Welt des Lichtes und des ewigen Lebens in Vereinigung aber bleibt den Menschen:

»Darum wird ein Mann Vater und Mutter verlassen und an seinem Weibe hangen, und sie werden sein e i n Fleisch.« —

Diese Sehnsucht nach Vereinigung kann hier auf Erden in der Ehe ihre restlose Erfüllung finden: in seltenen Ehen und in seltenen Augenblicken können beide Menschen leiblich und seelisch verschmelzen und in ihrem bewußten Erleben erhoben werden mitten hinein in den ewigen Himmel.

Aber auch wenn solches höchstes Erleben nur selten zuteil wird, so ist doch die Ehe zu leben als bedeutungsvollste Vorbereitung des einstigen Lebens in Vereinigung zweier Menschen in Gott.

Allein die Liebe kann solche Vorbereitung wirken, da Gott den Menschen schuf — aus Liebe und ihn erhält aus Liebe, in Liebe und durch Liebe.

Deswegen sind auch alle anderen Ehegründe untauglich. Nicht sinnliches Begehren aber ist Liebe — wenngleich dasselbe der Liebe mit seiner ganzen leiblich-seelischen Macht und erweckenden, belebenden und stark-machenden Kraft dienen soll — nicht sinnliches Begehren ist Liebe, sondern das Empfinden innerster Verbundenheit, innerster Zusammengehörigkeit. Liebe ist das Fühlen, dem andern sich ganz hingeben zu müssen — mit all seinem Empfinden, Fühlen, Verstehen, mit seinem gesamten bewußten und unbewußten Leben. Um mit ihm völlig zu verschmelzen zu einem einzigen Sein und Leben.

Das aber bedeutet, daß nichts die Liebenden entzweien darf — weil die wahre Ehe »im Himmel« geschlossen wird, und weil so das Reich Gottes aufgerichtet wird, dem alles dienen soll. Denn wenn zwei Menschen sich ganz eins fühlen, lebt Gott in ihnen.

Kein Streit, kein Irren und Fehlen, kein irdisches Ereignis — nichts Vergängliches darf die Liebe trüben — denn all dies ist, vom Erleben des Ewigen aus gesehen, — nichts.

Wahre Liebe aber ist Erleben des Ewigen! Ist Erleben Gottes, denn Gott ist die Liebe.

Die Menschen der heutigen Tage aber müssen erst wieder die wahre Liebe finden — und es wird sie sehr fördern dabei, wenn sie erfahren, daß die Liebe der wahren Ehe schon selber ewiges Leben, Erfühlen ewigen Lebens ist.

Diese Liebe, die da Gottes Leben selber ist, einte einst zwei Menschen im Himmel: es lebte der eine im anderen.

So sollen denn die Eheleute ihr eigenes Fühlen, Denken und Tun pflegen und zugleich soll der eine in dem anderen leben. Das bedeutet mitfühlen. Bedeutet Anteilnahme an dem Fühlen, Denken, Wünschen, Streben und Tun, an allen Freuden und Sorgen, an allen Interessen des andern, so, als ob es die eigenen wären. Bedeutet Übersehen der Fehler des andern — weil diese das Nichts am Menschen darstellen. Denn der ewige Mensch ist Reinheit, Stärke, Erkenntnis und Freude. Seine Fehler läßt er ja hier auf Erden oder im Fegefeuer zurück, wo sie sich in nichts auflösen. Nur das Schöne, Wahre, Gute nimmt er in das ewige Leben im Jenseits, nimmt er in den Himmel mit.

Die Fehler übersehen aber besagt zugleich, dem andern helfen, sie zu überwinden: durch freundlichen, heiteren, tröstenden, stärkenden Rat. Durch augenblickliches Verzeihen und Vergessen eines kränkenden Wortes oder einer kränkenden Tat. So, und nur so bewährt sich wahre Liebe!

Denn alles, was du so tust, das tust du mit hundertprozentiger Sicherheit dir selber — es ist Selbstüberwindung, ist Selbsterhebung über vergängliches Niedriges in das reine Reich seligen ewigen Lebens, des wahren Menschenlebens.

Wohl sollst du deine und deines Mitmenschen Fehler beachten, aber nur, um gewisse irdische Konsequenzen zu ziehen, um dich und andere vor Schaden zu bewahren, um die Fehler zu erkennen und sie schließlich zu vermeiden, die Schwächen zum Verschwinden zu bringen — aber mehr nicht! Deiner seelischen Wertung seien sie ein Nichts! So kommst du in dir selber zu kraftvoller Stärke, überwindest deine eigenen Fehler und hilfst bestens deinem Nächsten. Denn das, woran wir seelisch hangen — dahin zieht es unsere Seele. Hangen wir an Fehlern, so zieht es uns in diese hinein und damit in Gram und Lebensarmut. Hangen wir an Kraft, Liebe, Freude, Frieden — so zieht es unsere Seele dort hinauf. Und wer wollte bezweifeln, daß auch im Irdischen nur hier der wahre Wert zu suchen ist! —

So ist denn Ehe: mitfühlen, mitdenken, mitstreben, mittun. Und da die Freude mit Liebe vereint unser innerstes Leben ist, so ist Liebe Pflege der Freude. Pflege der Freude in den alltäglichsten Handlungen. Pflege der Freude in Blick und Wort. Pflege der Freude in liebendem Nahesein, in der zärtlichen Verbindung. Es muß diese nicht die geschlechtliche Vereinigung — die höchste Liebesfeier! — sein. Das liebende Sichaneinanderschmiegen, ein Kuß, ein Streicheln mit der Hand bedeuten körperliche Verschmelzung — ja, ein liebevoller Blick, die Stimme voll der Liebe, sogar liebendes Gedenken!

Doch bedarf der Körper immer auch des körperlichen Naheseins — damit die beiden Menschen werden *ein* Fleisch. Das aber, körperliche-seelische-geistige Verschmelzung, bewirkt schon ein Kuß! Doch soll auch dieser, wie alles körperliche Nahesein und insbesondere die in der Ehe so bedeutsame geschlechtliche Vereinigung, dem Gesetze des gesunden seelischen und körperlichen, ja, selbst des innersten geistigen Rhythmus gehorchen. In Liebe passen sich die beiderseitigen Rhythmen einander an. Und nur ruhigem, liebendem Erfühlen erschließt sich der Rhythmus der glücklichen Ehe.

Es ist im Leben so: wovon man am wenigsten spricht, das hat die größte Bedeutung. Auf keinem Gebiete des menschlichen Lebens auf dieser Erde aber sind größere Mißstände anzutreffen als auf dem Gebiete des irdisch-menschlichen Geschlechtslebens.

Es verhält sich so wie mit dem Leben des Menschen nach dem Tode: man tut so, als gäbe es so etwas nicht. Und doch hat der Mensch allein darin seine Zukunft, und jeder Augenblick seines Erdenlebens ist nur Vorbereitung für sein einstiges Leben in Gott. —

»Im Himmel« wird die wahre Ehe geschlossen, in der Seele des Menschen! Wer deswegen einen Menschen wahrhaft liebt und so willens ist, ihm sich ganz zu geben, mit all seinem Erdenleben und Erdenstreben, — in liebender Hingabe, aus Sehnsucht nach innigster Verschmelzung in Leib und Seele, Fühlen, Denken, Tun, — der hat von diesem Augenblick an mit ihm die Ehe geschlossen, falls der andere die gleiche Sehnsucht und den gleichen Willen in sich trägt.

Nicht das Zeugnis vor den Menschen schließt die Ehe im Himmel!

Es ist aber dieses Zeugnis vor den Menschen notwendig, — weil die meisten Ehen eben nicht in der innersten Seele, nicht im Himmel geschlossen werden. Und weil eine im Himmel geschlossene Ehe wieder zerfallen kann, wenn der törichte Mensch sich überreden läßt von den Wünschen des Tieres in ihm, und den zahllosen Selbsttäuschungen erliegt, die der Verstand allein nicht beheben kann.

Darum halte rein von allem störenden Denken und Wünschen das Erfühlen, das lichte Erkennen der Wahrheit, des Rechten und Richtigen, in dir! Nur in der innersten Seele stillem Fühlen — nicht im Denken, Wünschen, Begehren — findest du die rechte Erkenntnis und rechte Entscheidung. Dort allein findest du »das Reich Gottes und seine Gerechtigkeit«, — findest du das, was dir und deinem Nächsten in Wahrheit frommt.

Freilich soll eine zerrüttete Ehe nicht mehr das Leben des einen oder anderen Menschen völlig zerstören. Und es kann anderseits nach erfolgter Ehescheidung eine neue Ehe geschlossen werden, die nun dauerhaft und von Glück gesegnet ist.

Meist wird freilich nur eine Ehe geschieden, die nicht dem Gefühle innerster Zusammengehörigkeit, die nur einem Fühlen und Denken, das gleichsam in den Außenschichten der Seele sich abspielt, ihr Zustandekommen verdankt. Denn nicht Geschlechtstrieb, nicht weltanschauliche Erwägungen, auch nicht gleichlaufende Interessen des Berufs und außerberuflicher Natur und noch viel weniger das Streben nach Reichtum, Stellung, Ansehen unter den Menschen darf zur Schließung einer Ehe verleiten — nur der Himmelsschlüssel des Gefühls innigster Zusammengehörigkeit kann das Tor zum Himmelsglück der wahren Ehe aufschließen. Dann aber soll der Eheleute einziges Bestreben sein, dieses Gefühl innerster Zusammengehörigkeit zum Gefühl innerster Einheit zu erhöhen und diesem letzteren Gefühl, welches Liebe ist aus sich selbst, immer größere Lebendigkeit, immer größere lebendige Kraft und Wirklichkeit zu verleihen. So daß schließlich gegenüber dem Empfinden der Wirklichkeit der Liebe die ganze irdische Welt mit deren Genüssen und Verlockungen wie ein Nichts sich ausnimmt.

Zugleich aber soll diese irdische Welt mit allen ihren Möglichkeiten voll empfunden werden, — um gänzlich in den Dienst der ehelichen Verbundenheit gestellt zu werden.

Darum rufe ich denen zu, die sich zur Ehe einen wollen: »Prüfet Euch, ob Euch die innerste Liebe zueinander zieht, ob Ihr dieser Liebe alles Irdische zu opfern bereit seid, ob

Ihr bereit seid, alles Irdische, alles Empfinden, Fühlen, Denken, Wünschen, Streben, Tun in den Dienst dieser Liebe zu stellen. Ob Ihr bereit seid, auch alles Leid der Erde für diese Liebe zu tragen.«

Die meisten werden bei nüchterner Prüfung ihrer selbst mit Nein antworten. Und doch muß von dieser wahren Liebe wenigstens ein Keim da sein, den zu betreuen und zum Wachsen und Gedeihen zu bringen all euer Streben gelten soll.

Denen aber, die bereits in der Ehe stehen, rufe ich zu: »Betreut auch Ihr den Keim, das Pflänzchen, die Pflanze — und wehrt allen Einflüssen der Seele, die von außen der Seele schönste Blume an ihrer Entfaltung hindern wollen. Lasset das Außen vom Innen bestimmt werden, lasset niemals das Außen die Entfaltung des Innersten hemmen oder gar das innerste Leben, in dem allein Frieden und Freude wohnt, zum fast völligen oder gar völligen Erlöschen bringen. Nein, macht dem Innersten gefügig alle Kräfte des Außen, alle Kräfte der Seele, des Verstandes, des Leibes. Macht dem Innersten dienstbar die ganze Außenwelt. Und laßt Euch auch nicht von Menschen und Menschenmeinung beherrschen, sondern seid frei von diesen allen und bestimmt Euch aus Euch selbst, bestimmt Euch *aus* Eurem Innersten und *im Dienste* dieses Innersten. Dort aber wohnt die ewige Liebe allein, wohnt Gott, der die Wahrheit und die Erkenntnis der Wahrheit ist.«

Alles was ich in diesem Buche dir bereits riet, stelle du in den Dienst deiner Ehe und insbesondere übe »Hygiene des Gedankenlebens«.

Rein halte deine Seele auch von dem leisesten Verlangen nach einem anderen Weibe, du Mann, nach einem anderen Mann, du Weib. Denke an Jesu Wort: »Wer ein Weib ansieht, ihrer zu begehren, der hat schon mit ihr die Ehe gebrochen in seinem Herzen.«

Sei wachsam in jedem Augenblick und übe Selbstbeherrschung. Und solltest du den einen Augenblick »dich vergessen« haben, solltest du vergessen haben, wer du bist, wer du sein willst vom Innersten deiner Seele her, wo allein dein Königsthron steht, — so habe dich doch, mit klarer Entscheidung und festestem Willen, im nächsten Augenblick wieder ganz in deiner Gewalt.

Pflege also fortan in deiner Seele nur solches Fühlen, Denken, Wünschen, Wollen und Streben, was zu fördern imstande ist, *das Glück deiner Ehe.* —

Das Kind

»Die Kinder sind unsere Lehrmeister . . .«
(Jakob Böhme)

Wohl ist die Ehe Selbstzweck: als der reguläre Weg des Menschen hier auf dieser Welt zurück, nach innen und — in immer lichter, lebendiger und freier werdendem Erleben — empor zum Reiche Gottes, zur Wiederherstellung der einst verlorenen Einheit von Mann und Weib in der innersten geistigen Welt.

Und doch welcher Segen erfließt der Ehe im ganzen und den beiden Einzelmenschen im besonderen aus dem Kind!

Im Kinde einigt sich beider Liebe immer aufs neue! So erfährt denn die innerste Sehnsucht nach Vereinigung eine wesentliche Förderung ihrer Erfüllung durch das Kind, in dem sich beider Liebe begegnet und vereinigt und dann vereinigt heller erstrahlt. Denn die Einheit, die aus der

Zweiheit erstehen soll, wird unendlich heller strahlen als die Zweiheit. Ja! Einzeln sind die beiden Hälften tot, erst vereinigt zu einem ewigen Himmelspaar, zum ewigen himmlisch-geistigen Menschen, sind sie lebendig. Und dieser himmlische Mensch ist ewig jung, wird in aller Ewigkeit ständig himmlisch lebendiger, an Schönheit und Kraft, an Liebe und Freude reicher, und immer inniger und mächtiger wird sein Empfinden himmlischen Friedens.

Doch lebt der himmlische Mensch nicht für sich allein, sondern in stetem Zusammenleben und gegenseitigem Erfreuen mit allen himmlischen Menschen.

So ist uns denn das Kind auch ein Symbol des ewigen geistigen Menschen, denn dieser ist ewig jung, ewig wachsend, ewig sich entfaltend. —

Siehe auf dein Kindlein! Es betreibt keine Überlegungen, sondern nimmt freudig alle Anregungen auf, die ihm kommen. Es freut sich über einen bunten Knopf, den du ihm zeigst, freut sich über jedes Lächeln, mit dem du ihm begegnest. Es sitzt nicht da und simuliert wie du über fernabliegende Dinge, sondern lacht und singt und springt unbeschwert von Gedanken und Sorgen. Oder es sitzt still bei seinen Spielsachen, die durchaus nicht in einer Spielwarenhandlung gekauft sein müssen, — denn mit Interesse betrachtet das Kind seine ganze Umgebung. Es freut sich am Schnee, sogar am Regen, auch wenn er ihm das Kleidchen durchnäßt: — offen stehen ja seine Empfindungen und seine Sinne dem Leben. Du aber sitzt da — oder wanderst du durch blühende Frühlingslandschaft, so tust du doch dasselbe: du denkst, und es müssen nicht gerade Alltagsgedanken oder größere Sorgen sein, du denkst über dieses und jenes, über Menschen und Dinge und Verhältnisse und vergnügst dich mit deinem Denken, als ob es die ganze Lebensfreude wäre. Solches Denken aber — denn es gibt auch noch ein ganz anderes Denken, das du freilich nicht kennst und nicht einmal ahnst, das Denken des ewigen geistigen Menschen — solches Denken aber ist nur kümmerlichster Ersatz des wahren Lebensgenusses, Erlebens und Lebens.

Beschränke dein Denken auf das Allernotwendigste und Dringendste! Und vernachlässige nicht das viele andere Notwendige und Dringende: dich selbst dem Erleben zu öffnen. Dem Erleben und Wahrnehmen der Außenwelt und mehr noch des Fühlens deiner Seele und vor allem der zarten Regungen und Bewegungen innersten ewigen geistigen Wesens und Lebens in dir und um dich.

Du sollst dabei das vernünftige Denken vernachlässigen? Nie und nimmermehr und im Gegenteil! Du sollst nur frei werden in deinem Denken und nicht ein Opfer sein von Wünschen und von Gedanken, die kommen und gehen. Wobei bald der eine Gedanke dich »fesselt«, bald der andere, ganz wie das Begehren deines Leibes, das Fühlen und Streben deiner Seele, das du in dir nicht frei zu gestalten, zu ordnen, zu beherrschen weißt, es fügt.

Wer innerlich frei und leer geworden ist, in den können alle Anregungen eindringen, die Außenwelt und Innenwelt bieten. Er wird mit diesen Anregungen schalten und walten in Freiheit und keine derselben ihn beherrschen lassen.

So kann auch vernünftiges Denken erst dem Freien in all seinem Vermögen sich lebendig offenbaren — unbehindert durch anderes Denken, das Hirn und Seele füllt, weil es den Menschen beherrscht.

Leer und frei ist die Seele des Kindes und nur erfüllt von jener heiteren Ruhe, in der die Kräfte des Leibes und der

Seele bestens gedeihen, wie die Blumen deines Gartens im Sonnenlichte.

So wendet sich das Kind bald diesem, bald jenem zu, hört alles, sieht alles, hat an allem Interesse — und wird doch von nichts gefesselt. Denn wenn es auch eine schöne Puppe mit Wohlgefallen betrachtet und lachend und entzückt mit ihr spielt, — es wird nur kurze Zeit trauern, wenn es Arme und Beine der Puppe herausgerissen oder den Porzellankopf derselben zerbrochen hat. Oder wenn du ihm die Puppe wegnimmst und aufbewahrst für später, wenn das Kind von selbst gelernt hat zu vermeiden, was ihm Schmerz bereitet. Oder das Kind hat Leckerbissen bekommen — Obst, Schokolade, Kuchen, Bonbons —, und du läßt das Kind nur davon naschen und verwahrst das Übrige wieder, — das Kind wird laut aufweinen, aber bald wieder lächelnd sich anderem zuwenden, weil Neues und immer wieder Neues von ihm wahrgenommen wird.

Denn niemals ist das Kind gefüllt, gefesselt von Gedanken, Vorstellungen, Begehren, Wünschen und so kann es ungehindert immer wieder Neues wahrnehmen. So wachsen seine Fähigkeiten auf eine Weise, die dich Tag um Tag in Erstaunen setzen. Und du könntest doch auch dieses Kindlein sein — unbeschwert von Sorgen und frei dich öffnen dem Leben und Wachstum, der Entfaltung der Seele und des ihr dienenden Leibes, indem du Leib und Seele offen hältst allen Anregungen von außen und innen und doch frei bleibst, ungefesselt bleibst von ihnen allen.

Nur dem Leben Gottes in dir ergib dich ganz — dieses ist aber dein eigentliches wirkliches Leben und wird deine Freiheit sichern und deine Kraft zur Beherrschung von Seele und Leib. Denn das Leben Gottes macht dich zum Herrn und erhält dich frei, zu ungehindertem Wachstum deiner Seele in Zeit und in aller Ewigkeit.

Wer frei ist, der kennt keine Langeweile: denn er erlebt sich in jedem Augenblick völlig neu und gewandelt und alles Leben in ihm und außer ihm. Da ihm ja alles Seele geworden ist und seine Seele sich lebendig wandelt und entfaltet in jedem Augenblick.

Wenn du also meine Worte liest und dich selbst betrachtest, mußt du da nicht dir gestehen: »O, wie tot war ich doch bisher!«?

Du aber betrachtest noch dein irdisches Wissen und Können, den erworbenen oder durch Schicksalswalten zugeteilt erhaltenen Reichtum, betrachtest das Ansehen unter den Menschen, betrachtest deine Genüsse und Vergnügungen, — betrachtest auch die Zugehörigkeit zu einer bestimmten Weltanschauung und Glaubensmeinung als deine Schätze — und ahnest nicht, daß *sie* es sind, die es verhindern, daß die lebendigen Schätze der Seele und des Lebens sich dir schenken!

Ein anderer aber kann sich nicht über sorgenvolle Vorstellungen erheben und sich nicht frei machen von Kleinmut, Gram und Selbstzweifel. Und dieser ist noch schlimmer daran als der erstere, der immerhin wenigstens noch einen Abglanz von Freude erntet. Dennoch würde der Sichsorgende nicht in Sorgen wühlen, würde ihm nicht auch das Sichsorgen, das im Leidempfinden Wühlen eine gewisse dumpfe Wollust bereiten.

Mit wie wenig bist du, o Mensch, zufrieden! Und wenn dir auch die höchsten Genüsse dieser Erde zuteil werden — sie sind nur ein Ersatz der Freude, die allein dem Freien zuteil wird, — dem, der ist wie die Kindlein, deren das Himmelreich ist — noch auf dieser Erde.

Bald aber müssen diese Kindlein das Himmelreich verlassen, sie werden »vernünftig«, sie lernen denken und begehren wie die Erwachsenen, die in Wirklichkeit Toten, die nicht mehr wachsen können. Denn der freie Mensch ist in ununterbrochen erlebtem Sichwandeln und Wachsen der Seele begriffen — und würde er hundert Erdenjahre zählen. Und wenn er, befreit aus des Erdenleibes Kerkerhaft, das freie Reich des ewigen Geistes betritt, entfaltet sich und wächst weiter seine Seele.

In das Reich des Lebens aber gehen nur die Lebendigen ein! So muß der gefesselte Mensch nach seinem Scheiden aus der nur dunkel geahnten Erdenkörperhaft erst ihm unendlich lang scheinende Zeiten durchwarten, bis auch ihm sich die Fesseln lösen, die er sich im Erdenleben geschmiedet hat und von denen er sich schon in dieser kurzen Erdenzeit hätte befreien können für immer.

Doch sei getrost! Wenn du auch hier auf Erden nicht die völlige Befreiung erringen solltest, so wird dir doch durch dein Bemühen die Zeit des Wartens in den äußersten, niedersten Bereichen des Jenseits, im sogenannten Fegefeuer, erheblich abgekürzt werden. —

Kann aber das Kind dir solcherart dein Lehrmeister sein, mehr als alle Bücher der Erde — schon indem du dich einmal lösest von allem Denken und Sichsorgen und mit deinem Kindlein scherzest und spielst —, so sollst du anderseits dich bemühen, daß du deinem Kinde wenigstens nicht ein Hemmnis seiner Lebensentfaltung wirst.

Laß dein Kind sich entfalten! Herrsche es nicht an, wenn es jetzt und dann nicht gerade das dir Genehme tut. Du hast deine Zwecke und Absichten, deine Gedanken, Vorstellungen, Wünsche — dein Kind aber will wachsen und sich entfalten. Es will die Kräfte betätigen, die sich in ihm zu regen beginnen. Und es setzt ja diesen Regungen der Natur, des Leibes und der Seele, des geformten und sich formenden Lebens in ihm, noch keinen Widerstand entgegen, wie du es tust, dessen Regungen fast schon erstorben sind, weil sie von dir nicht beachtet, gepflegt, geleitet, geformt wurden.

Liebevoll leite dein Kind und es wird Verständnis gewinnen von selbst, was es zu tun und zu lassen hat — lernt es doch von selbst erkennen, was heiß und was kalt ist. Es ist zu verwerfen, das Kind zu schlagen, wenn es auch durchaus ratsam ist, einmal ein liebevoll-entschiedenes Wort zu gebrauchen, wenn das übliche heitere Zwiegespräch nicht genügen sollte.

Wie aber das Kind dich immer wieder fragt: »Was ist rot? Was ist blau?«, bis es schließlich in langer Übung an die Art des Denkens der Erwachsenen gewöhnt ist, Sinneseindrücke und die willkürlichen Worte der Menschen *willkürlich* miteinander zu verbinden, so wird es — du mußt dich selber hier nur in Geduld üben — so wird es mit der Zeit die Übung gewinnen im Unterscheiden dessen, was es zu tun und zu lassen hat nach Ansicht der Erwachsenen.

Denn ein anderes ist das sich entfaltende Leben und ein anderes ist es, dieses Leben in die starren Formen zu zwängen, die der Erwachsene sich gebaut hat als Panzer seiner Seele — und die er doch nicht entbehren kann in seinem durch ihn selbst geschaffenen Reich der Unfreiheit — hier auf Erden und in den niederen Reichen des Jenseits, die man als die Lande des Fegefeuers bezeichnet.

Ich habe schon früher davon gesprochen, daß eine neue Erziehung, zumal eine neue Schulerziehung, erstehen muß, soll das Kind und der heranwachsende Mensch sich in höchstmöglicher Freiheit seiner Seele im Lichte göttlich-geistigen Lebens entfalten können. Das aber ist vor allem nur dann möglich, wenn man auf die besondere Eigenart jedes einzelnen Kindes mit liebevollem Verständnis eingeht.

Freiheit und Freude ist des Menschen Leben und Ziel. In Freiheit und Freude lasse sich entfalten die Seele deines

Kindes. Lerne selbst an ihm Freiheit und Freude gewinnen. Liebe wohnt in jeder Kinderseele — nähre sie darin — nicht durch Belehrung, sondern durch dein Verhalten dem Kinde gegenüber und gegenüber deinem Ehegemahl, — da doch nur in der Liebe Freiheit, Freude und Leben gedeihen können.

»Alles Verständnis kommt nur durch die Liebe.«

Es handelt sich da nicht nur um ein Verstehen des Kopfes und Verstandes, sondern in erster Linie um ein Verstehen des Herzens — um das Mitfühlen der Seele.

Die Liebe des Elternhauses aber ist der größte Schatz, den du deinem Kinde mit ins Leben geben kannst. Reichtum, als Mitgift und Erbe, kann vergehen, wie es in dieser Zeit ja so oft geschehen ist, — die Liebe des Elternhauses aber ist ein Schatz, der nicht vergeht, ja, nicht einmal abnimmt, sich auf allen Gebieten des ferneren Lebens auswirkt, Glück und Segen spendend, und sich vererbt von Geschlecht zu Geschlecht.

Und wenn du dich selbst zu bemeistern verstehst, brauchst du deinen Kindern nicht gute Lehren zu geben, die ohnehin nur sehr wenig nützen, da alles Leben sich in Bildern formt und geformtes Bild wieder formend einwirkt auf das Leben. So wird dein Beispiel, als geschautes Bild und als gehörte Art des Sprechens, formend der Seele deines Kindes sich einprägen und dieselbe formen — ihm zum Segen, wenn du dich selbst dir zum Segen zu formen wußtest.

Lasse die Fähigkeiten deines Kindes sich entfalten und versage ihnen nicht deine Förderung. Bei seinem Bemühen um Behebung von Fehlern und Schwächen leihe ihm mitfühlendes Verstehen, schenke ihm mitfühlenden Rat.

Du sollst aus deinem Kinde nicht machen wollen, was dir als Wunschtraum vorschwebt, — sondern das Kind sich entfalten lassen, Freude zu gewinnen im Leben, und sollst ihm nur aus allen Kräften und mit Geduld zur Seite stehen, mit Rat und verstehender Aufklärung, wenn ihm durch sein Verhalten schwerer Schaden, großes Leid fürs Leben droht, das wohl du vorauszusehen vermagst, nicht aber das Kind.

Es kommt nicht auf das Ansehen unter den Menschen an, wenn du deines Kindes Zukunft glücklich sehen willst, sondern auf die Freude seines Herzens — im Erleben seiner entfalteten Seelenkräfte, in der Beherrschung derselben vom innersten Fühlen aus, in welchem allein Gottes Wille sich uns offenbart:

Gottes Wille und unser innerster Wille sind eins. Und Gottes Wille will nur unser ewiges ewig wachsendes Glück. —

Der Weg des ledigen Menschen

»Aber den ledigen Jungfrauen und Mannen ohne Frauen ward gesagt, sowohl den Wittiben, daß sie den Bund Christi zum Gemahl haben.« (Jakob Böhme)

Ich habe über das heilige Mysterium von Mann und Weib gesprochen. Vordem, im Himmelreich, lebtest du in innerster Verbundenheit mit einem anderen Geistesmenschen, ja, lebtest du in innerster Vereinigung mit allen ewigen geistigen Menschen und mit Gott.

Wer aber, der da mit ganzer Seele und ganzem Herzen liebt, hat sich nicht oft schon ganz eins mit dem geliebten Menschen empfunden? Dieses Gefühl des Einsseins ist kein trügendes, es ist die sichere Wahrnehmung einer inneren Verbundenheit in dem, was unvergänglich ist am Menschen. Wie aber der erste Lichtstreif am östlichen Horizont nicht zu vergleichen ist mit der Macht der Herrlichkeit der aufgehenden Sonne, so ist das Gefühl innerer Verbundenheit, das zwei Liebende empfinden, nur eben eine Andeutung eines kommenden viel reineren, helleren, lebendigeren Erlebens in der ewigen geistigen Welt.

Ich habe geschildert, wie du dich einst von dem himmlischen Menschen, mit dem du dich ewiggeistig verbunden fühltest, getrennt hast, und wie dann zuerst das himmlische Weib, dann der himmlische Mann sich hineingebar in das Leben dieser Erde.

Nun, in irdischer Verkleidung, kannst du deinem himmlischen Ehegenossen und Partner nicht mehr erkennen. Ein Seher, den uns Gott gesandt, berichtet, daß nur in seltenen Fällen die ursprünglich im Himmel vereinten Menschen auch in der irdischen Ehe zueinander finden.

Der Geistesmensch, mit dem du nun in der Ehe verbunden lebst, steht voll und ganz ein für deinen ehemaligen Partner in der Himmelswelt, mit dem du sicher einst wieder dich verbunden fühlen und erleben wirst.

Die innere Verbindung, die du dir mit deinem Ehegenossen schaffst, auch wenn er nicht dein ehemaliger Himmelsgenosse ist, bleibt bestehen für die Ewigkeit, — es sei denn, du lösest sie, indem du deinem Ehegenossen die Liebe entziehst. Denn nur die Liebe schließt in Wahrheit und Wirklichkeit die Ehe und erhält sie.

Einst aber werden alle Menschen in Gott miteinander vereinigt sein. Und du findest die innere Vereinigung mit Gott — gleichsam leicht und natürlich, naturgegeben, gottgegeben — in der mit wahrer Liebe und dem Gefühl leiblich-seelischer Einheit gelebten Ehe.

Da aber das ewige Gottesgeistesleben Mann ist und Weib, kann auch der unverheiratete Mann, die unverheiratete Frau zu Gott finden auf dieser Erde, — wenn »sie den Bund Christi zum Gemahl haben«, wenn sie Gottes Güte aufnehmen in ihre Seele.

Das aber bedeutet keineswegs nur ein frommes Fühlen. Es bedeutet, lebendig zu werden an Leib und Seele, bedeutet, durch ständiges unverzagtes Bemühen, Herr zu werden seiner Gedanken, Empfindungen, Gefühle, Wünsche und so innerlich frei zu werden. Der innerlich frei werdende Mensch gibt sich Gott hin und Gott schenkt sich ihm. Denn Gott kann nur in der Freiheit und als Herr und Meister in dir leben. Zugleich aber hilft er dir, dich zu befreien und Herr und Meister zu werden, so du nur ihm vertraust und seinen Helfern in der geistigen Welt.

Du wirst Gottes ewiges Geistesleben anfangs ganz zart, dann immer lebendiger und klarer in dir und um dich erfühlen — und einstens dich demselben zu völliger Einheit verschmolzen erleben.

Auch so kommst du, ohne irdische Ehe, zur Wiedervereinigung mit deinem himmlischen Gefährten und in dieser zur Wiedervereinigung mit Gott, allen himmlischen Menschen, allen Engeln, der ganzen geistigen Welt.

Aber auch die in der Ehe leben, werden sich intensivst bemühen müssen, um die Ehe zu immer stärker werdendem Gefühl innerer und äußerer Verbundenheit zu machen. Auch sie werden sich üben müssen, stets und ständig: frei zu werden und Herr und Meister in sich selbst, sowie lebendig an Seele und Leib.

Denn nur den, der »immer strebend sich bemüht«, den kann »die selige Schar« der Helfer in der geistigen Welt erlösen.

Damit du aber auch von außen Anregung, Rat, Trost

und Stärkung erfährst, dazu dienen dir die heiligen Bücher, die Bücher der Gottesweisheit, die Bücher echter Lebensweisheit — dazu diene dir auch dieses Buch. —

Es sind viele, die den so wertvollen seelischen Weg der Ehe auf dieser Erde nicht gehen können.

Viele Frauen finden diesen Weg nicht, weil ihnen der ihnen gemäße Mensch nicht begegnet, — der Mensch, den sie mit dem Gefühl innerster Zusammengehörigkeit und mit ganzem Herzen, aus ganzer Seele lieben können.

Wenn Menschen sich nicht mit ganzem Herzen, aus ganzer Seele und mit dem Gefühl innerster Zusammengehörigkeit zu lieben vermögen, so muß doch, wie ich schon dargelegt habe, solche Liebe wenigstens als Keim vorhanden sein, soll eine Ehe geschlossen werden. Dann aber soll der entschiedene Wille vorhanden sein, diesen Keim zum Wachsen und Gedeihen zu bringen, — sonst wird die Ehe nicht zum Himmel, sondern zur Hölle. Und, wie ich schon vordem sagte, dem Himmel kann man auch als lediger Mensch näher kommen. Wird aber die Ehe zur Hölle, so wird sie solches nicht nur für die zwei Menschen, sondern auch für Kind und Kindeskinder.

Deshalb soll man, wenn man sich nicht im Vollbesitz der höchsten Liebe für die Ehe weiß, sorgfältig die Hindernisse prüfen, die für den Verlauf der Ehe in Betracht kommen. Denn nur die höchste Liebe und diese gepflegt mit reinstem, festestem, entschiedenstem, dauerhaftem Willen kann alle Hindernisse eines Eheglücks besiegen.

Hindernisse für ein Eheglück sind: der Standesunterschied, der Unterschied an Rassenzugehörigkeit, an Volkszugehörigkeit, an Zugehörigkeit zu einer Religionsgemeinschaft. Ferner der Altersunterschied, der Unterschied der verschiedensten Interessen, der Unterschied im Vorleben. Weiter der so bedeutsame Unterschied im geschlechtlichen

Empfinden und Verlangen sowie in der Befriedigung dieses Verlangens.

Was sonst als Liebe und festester Wille zum Eheglück *um jeden Preis* kann verhüten, daß solche und andere Hindernisse des Eheglücks zu ernster Gefahr für dasselbe und damit für die Ehe werden?

Ich habe gefunden, als Arzt, der Anteil nimmt am Lebensglück seiner Mitmenschen, daß religiöse Fundierung des Ehelebens die beste Bundesgenossin der Liebe ist, um das Eheglück in allen Lebensstürmen ungebrochen, unbeschädigt zu erhalten. Ja, um es aus Lebenssturm und Lebensnot nur desto reiner und stärker hervorgehen zu lassen, wie die Sonne nach einem Gewitter reiner und stärker strahlt.

Dieses Buch »Hygiene des Seelenlebens« aber gebe auch jenem die ersehnte religiöse Fundierung, der sie verloren oder nie besessen hatte. Es gebe eine lebendige Fundierung und vermittle nicht nur »schöne Worte« und »interessante Aufschlüsse«. Es ist geschrieben von einem Menschen aus dem Leben und für das Leben. Und was dir wie Philosophie klingt, ist dennoch nur Darstellung lebendiger Wirklichkeit.

Wir waren beim Weibe stehen geblieben, das nicht den rechten Partner fand. Vielfach sind es auch andere Gründe, die das Weib den Weg in die Ehe nicht finden lassen. So liebt vielleicht ein Mädchen einen Mann, aber es erträumt sich einen solchen als Ehegatten in einer angesehenen Stellung. Oft ist es das Elternhaus, welches die Wahl des Ehepartners zum mindesten stark beeinflußt in dem Sinne, einen angesehenen, gebildeten, begüterten Menschen zu bevorzugen. Da aber die Stimme des Herzens nicht gehört wird, so kann sich gerade ein Mädchen aus begütertem Hause und von körperlicher Anmut nicht entscheiden, welchen unter den vielen Bewerbern es wählen solle, — und bleibt schließlich ledig. Leider sagen ja manche Eltern — und sie hatten doch einst so nicht zu sich selber gesprochen! —: »Heiratet nur! Wenn Geld da ist, kommt die Liebe schon von selber.« Oder: »Du willst den armen Schlucker heiraten? Von der Liebe kann niemand leben.«

Und doch ist Leben in Liebe selbst in bescheidenen, ja, bescheidensten Verhältnissen eine Geburtsstätte von Glück und Seligkeit — und wenn der Mensch meint, er suche etwas anderes als dieses in dieser oder jener Welt, so irrt er gar sehr. Denn rechte Liebe macht auch die Menschen lebendig und fördert irdisches Können, irdisches Gelingen und Gewinnen, macht sie erfinderisch und gibt ihnen Kraft. Vor allem aber ist echte Liebe in der Ehe der Schlüssel zum ewigen Himmelreich. Armselig ist das Behagen der reichen Menschen ohne tiefe und starke, alle Not stark ertragen und überwinden helfende Liebe, ohne die Liebe, neben deren Herrlichkeiten und Macht die größten Ehehindernisse und aller Wahn der Mitmenschen sich zwergenhaft ausnehmen und schließlich sich auflösen in nichts — wie das Eis des Winters in der Wärme der Frühlingssonne schmilzt.

Was ich von solchen Ehehindernissen gesprochen habe, gilt für Mann und Weib. Beim Weib aber kommt oft noch die Anhänglichkeit an die Eltern, insbesondere an die Mutter, die es nicht allein lassen will, hinzu. Eine Anhänglichkeit, die wohl echte Kindesliebe ist, die aber zurückstehen muß hinter der Liebe für die und in der Ehe. Eltern mit echter Liebe zum Kind werden niemals die Tochter an sich zu ketten suchen und werden sich des Herzensglücks derselben nur freuen.

Es gibt aber noch andere ernstere Gründe, eine Ehe nicht einzugehen: Zum Beispiel eine unheilbare Erkrankung, eine vollständige Ertaubung oder gar Erblindung. Gerade hier gilt das Wort des Dichters: »Drum prüfe, wer sich ewig bindet ...«

Nur eine ganz große Liebe kann hier Eheglück erstehen, bestehen, ja, wachsen lassen.

Auch kann es sich erweisen, daß dem Ehebunde keine Kinder entsprießen dürfen oder können. Solche Entsagung erfordert gleichfalls eine ganz große Liebe.

Ja, selbst die innigste und in der Ehe so wichtige geschlechtliche Vereinigung kann unmöglich werden, zum Beispiel durch Krankheit eines der beiden Eheteile, — und hier ist wohl die größte, heiligste, hehrste Liebesempfindung erforderlich, um zu ersetzen, was kaum ersetzbar ist.

Dennoch übersteigt göttlichgeistiges Liebesempfinden alles irdische Empfinden — echte, große, starke Liebe allein erträgt alles, überwindet alles und geht aus dem Überwinden nur gestärkt hervor. —

Wenn nun zwei liebende Menschen zur gegebenen Zeit nicht zur Ehe finden können, dürfen dann die beiden leben wie Eheleute? Dürfen sie — und das soll hier mit der obigen Frage gemeint sein — die geschlechtliche Vereinigung pflegen? Auf diese Frage ist zu erwidern, daß starke wahre Liebe die Kraft der Zurückhaltung verleiht, — denn unendlich größer ist das Glück seelischer Verbundenheit als bloßes Auskosten der Befriedigung eines Triebes. Freilich einigen sich zwei Liebende außerhalb der Ehe geschlechtlich nicht nur aus körperlichem Verlangen. Doch tritt neben diesem das seelische Einigungsverlangen zurück. Oft, sehr oft bleibt nur der rohe Trieb übrig, der jedes Erdentier treibt und den zu beherrschen oder beherrschen zu lernen, eine der wichtigsten Menschenpflichten ist, weil es die Menschenwürde so erfordert — die Würde des Menschen, der Herr seines Leibes werden und sein soll.

Wenn aber zwei wahrhaft Liebende vor der Eheschließung sich geschlechtlich einen, so kann das vom innersten Menschlichen her gewiß gestattet werden. —

Ist auch die Kameradschaft zwischen Mann und Frau nur ein kümmerlicher Ersatz der Ehe, so kann auch hier seelische Verbundenheit gepflegt werden.

Nur reine Geschlechtsgemeinsamkeit oder auch überwiegende Geschlechtsgemeinsamkeit ist nicht zu vereinen mit der Würde des Menschen, die darin besteht, daß jeder Mensch zu erstreben hat, frei zu werden, indem er Herr wird der Kräfte und Regungen seines Leibes und seiner Seele.

Der seelischen Vereinigung soll die leibliche dienen. Es gibt aber kein schöneres Gefühl auf Erden, als wenn der Mensch sich frei weiß und Herr seiner Kräfte.

Damit er aber frei werde und nicht, in Dienstbarkeit eines starken Triebes, sich und andere entweihe und eigenes und anderer Lebensglück zerstöre, dazu ist es notwendig, daß der Mensch seinen Trieb bezähmen lerne durch gedankliches Nichtbeachten und durch Weiterleiten der im Trieb hervordrängenden Kräfte. Dieses Weiterleiten kann erfolgen hinein in mannigfaches anderes Erleben, sowie namentlich auch in schaffende Arbeit der Hände und des Gehirns, nur muß bei beiden das Herz, das Fühlen der Seele beteiligt sein. Wer seine Arbeit freudig und mit aller Kraft und Hingabe, mit gesammelter Aufmerksamkeit ausführt, der leitet des Triebes Kräfte in solche Tätigkeit, solches Erleben hinein und speist dasselbe mit unvorstellbarem Kraftzuwachs. Aber auch dabei muß Hygiene des Gedankenlebens in jedem Augenblick geübt werden.

Der Weg des ledigen Menschen führt wie der Weg des verheirateten empor zu Gott. Er *kann* empor führen. Denn leider kommen die meisten Eheleute nur sehr langsam voran auf diesem Wege.

Und wer als lediger Mensch sich bemüht voranzukommen auf diesem Wege zur Erlangung wahren Menschenglücks und wahrer Menschenwürde, der kann weitaus rascher vorwärtsschreiten als der verehelichte Mensch, der die kostbaren Gelegenheiten der Ehe nicht nützt.

Wie du aber auf dem Wege zu wahrem Frieden und wachsender Freude, zu Freiheit und Meisterschaft, zum Erfühlen ewigen göttlich-geistigen Lebens voranschreiten kannst, das will dich dieses Buch lehren.

So wirst du lebendig, frei und glücklich schon auf dieser Erde.

So wirst du mit unbeschreiblichem Entzücken in dir innewerden, daß Gott lebendige Wirklichkeit ist.

So wirst du das Leben und Weben der innersten geistigen Welt, der Himmelswelt, beseligt in dir und um dich empfinden lernen und jeder *Augenblick* dieses Erdenlebens wird dir *Stufe* sein: *zu immer reicherem Leben der Seele in Gott.* —

XVII. Denken, Wissen — Wirklichkeit

»Wer seinen Willen aus sich selber in Christum setzet und lässet nur alle Vernunft dieser Welt fahren, sie gleiße wie sie wolle, der wird in Christo wiedergeboren: seine Seele krieget wieder das ewige Fleisch, in dem Gott Mensch ward, ein unbegreiflich Fleisch der ewigen Wesenheit.«

»Es ist auch nicht genug, daß du alle Bücher auswendig lernest: Und wann du Jahr und Tag stündest, und läsest

alle Schriften und könntest gleich die Bibel auswendig, so bist du damit nicht besser vor Gott, als ein Sauhirte, der diese Zeit die Säue gehütet hat; Oder ein armer Gefangener in der Finsternis, der des Tages Licht diese Zeit nicht gesehen hat. Es darf keine Kunst oder Wohlredenheit dazu sein, du bedarfst weder Bücher noch Kunst dazu; ein Hirte ist so geschickt dazu als ein Doktor und noch viel mal besser: denn er gehet eher aus seiner eigenen Vernunft in Gottes Barmherzigkeit: er hat nicht große weise Vernunft, darum beratschläget er sich nicht damit . . .«
(Jakob Böhme — nach Hans Kayser)

Das ewige Fleisch, von welchem Jakob Böhme spricht, ist der ewige geistige Leib des Menschen in dem innersten Jenseits, in der aus sich selber leuchtenden, freien, lebendigen, seligen, innersten, geistigen Welt.

Wenn die Menschen nach dem Tode in die Vorgefilde des Jenseits eingehen, so ist ihr Zustand ein traumhafter und ihr geistiger Leib ist dunkel oder nur wenig vom Lichte des innersten Jenseits, vom Lichte Gottes erhellt.

Sie haben ihre Wünsche und Vorstellungen, in denen sie auf Erden befangen gewesen sind, weiter — erst wenn sie all dies lassen und ihren Willen »in Christum« setzen, wenn sie sich in ihrem Innersten ganz Gott hingeben, leuchtet Gottes Licht und Leben in ihnen auf. —

Den Menschen aber fällt es schwer, ihren Willen »aus sich selber in Christum« zu setzen, alle Wünsche aufzugeben und zu verwirklichen das Wort Christi:

»Dein Wille geschehe wie im Himmel also auch auf Erden.«

Nur in der inneren Stille, in der heiteren Ruhe der Seele und des Gehirns, welches dann vom Lichte des innersten Jenseits, wenn auch noch so schwach, durchstrahlt wird, erfühlen wir Gottes Willen. Das Licht des innersten Jenseits, der innersten geistigen Welt aber ist Gottes Leben und Gottes Leben ist Gottes Wille.

Darum ist die Pflege der inneren Stille, der heiteren Ruhe so wichtig! Wer diese zu pflegen weiß, dem offenbart sich das rechte Erkennen des ganzen Lebens von selbst und von selbst offenbart sich ihm in jedem Augenblick, was er zu tun und zu lassen hat. Nicht nur zu tun und zu lassen hat in der Außenwelt, sondern auch — was weit wichtiger ist — im Fühlen und Denken. —

Das Jenseits, die geistige Welt, und damit auch das innerste Jenseits, die innerste geistige Welt, ist nicht »überm Sternenzelt«. Es wohnt auch nicht im Herzen oder im Gehirn. Dein ganzer Erdenleib, ja, diese ganze unvorstellbar große irdische Welt ist von ihm durchdrungen. In alle Unendlichkeiten über die fernsten Sterne hinaus reicht dieses innerste Jenseits, reicht die Welt Gottes, des Menschen ewige Heimat, die innerste Geisteswelt.

Und — der Geheimnisse und des Wunderbaren noch viel größeres! — in deinem geistigen Leibe, der in deinem irdischen Leib verborgen und diesem während des Erdenlebens gleichgeformt ist, bist du verbunden mit allen geistigen Menschen und Engeln, unendlich an Zahl, der innersten geistigen Welt.

Und wenn du einstens »den Schlaf des Menschen« völlig überwunden haben, dich mit Gott selber vereinigt haben und dich als ein mit Ihm völlig Eines erleben wirst, wenn du dich so erleben wirst mit wachestem Bewußtsein, dann erst wirst du der Wunder erhabenstes schauen, erleben und in der Ewigkeit leben.

Wer dieses schaut, wer dieses erlebt, — dem ist diese ganze unermeßliche irdische Welt mit allen ihren wirklich staunenswerten Wundern von unerschöpflich reicher Mannigfaltigkeit — wie ein Sonnenstäubchen im unendlichen Raum.

Daß ich solches hier schreibe, geschieht nicht aus Bücherwissen, sondern aus eigenem Erleben. Wohl kenne ich auch euer Erleben, meine Mitbrüder und Mitschwestern, — und ich kenne es weit besser als ihr, denn ich mußte durch alle Nöte des irdischen Lebens, durch alles Irren desselben, durch seine Genüsse und Verlockungen, Täuschungen und Selbsttäuschungen hindurch — ehe ich das Land der unvorstellbar herrlichen inneren Freiheit und des Bewußtseins meines ewigen Lebens erreichen konnte. Meines ewigen Lebens in bewußter Vereinigung, in bewußter und ununterbrochen erlebter Einheit mit Gott. —

Warum ich dieses schreibe, da doch nur überaus selten solches Erleben hier auf Erden einem Menschen zuteil werden kann?

Weil die innerste Geisteswelt mit ihren Helfern, die aus Gott dir zu helfen kommen, in jedem Augenblick in dir und bei dir ist mit ihrer Hilfe, mit ihrem Leben und Walten, das Kraft gibt, Freiheit, Seligkeit.

Und weil die innerste Geisteswelt, die dich auch in der äußeren Welt gar sicher zu geleiten vermag, dir nicht helfen kann, wenn du ihrer Hilfe nicht achtest, weil deinem Denken und Wissen nur die Welt der Erdensinne — die Wirklichkeit ist.

Der Rat der geistigen Helfer in der innersten geistigen Welt wird dir mit aller Sicherheit beistehen, wenn du den Willen Gottes zu erfühlen suchst in der inneren Stille.

Denn die geistigen Helfer sind ja eins mit Gott. Ihr Wirken in der menschlichen Seele wird nur dem zarten, ruhigen, vertrauenden Fühlen wahrnehmbar.

Alles laute Reden des Verstandes laß beiseite! Übe dich im Gottvertrauen! Seine geistigen Helfer verlassen dich nie, lassen dich auch nicht einen Augenblick allein, lassen dich niemals im Stich!

Wo aber dein innerstes Fühlen versagt, weil es noch nicht geübt ist, — da halte dich an die Anweisungen, die dir in Büchern wahrer Lebensweisheit dargeboten werden.

Auch hier ist dein Fühlen vonnöten, wenn du die dir entsprechenden und angemessenen Ratschläge erkennen, richtig deuten und in einer der jeweiligen Lage, ja, dem jeweiligen Augenblick entsprechenden Weise nutzbringend anwenden willst.

Auch manches Erfahrungswissen der Menschen zählt hieher — ja, dir kann und soll alles dienen auf deinem Lebenswege, auch das kleinste Erleben, und in jedem Augenblick.

Und nicht zuletzt — noch vor anderem Wissen, vor Bücherwissen — soll dir dein eigenes Erfahrungswissen dienstbar sein —, immer geführt und gedeutet von deinem inneren Erkennen.

Denn in stetem Wandel und in stetem Wachsen, Sichentfalten befindet sich die lebendige Seele, die nichts Starres, kein Dogma, kein starres Wissen, keine starre Deutung in sich duldet — die frei sein will, frei, bei völliger Hingabe an Gottes Willen, an Gottes Leben, Gestalten und Fühlen in ihrem Innersten. Ihm sei sie verbunden auch mit ihrer leisesten Regung. Ihm sei der Mensch verbunden, von ihm allein geleitet, mit all seinem Denken, Wissen, Forschen und Streben. Denn Gott ist die höchste Wirklichkeit,

Er ist unser Ziel, Er allein sei unser Führer, sei Führer auch jeglichem Denken und Forschen der Menschen.

So wird dir, dem ewig Werdenden, morgen das bedeutungslos sein, was dir — mit Recht — heute von großer Bedeutung ist. So wirst du morgen völlig anders das deuten, dem du heute diese bestimmte Deutung gegeben hast und geben mußtest.

Aber nochmals sei es gesagt: Wo das innerste Fühlen deiner Seele versagt, weil es noch zu schwach entwickelt, zu wenig geübt ist, da halte dich an alle guten Räte äußeren Wissens. Des edlen, stillen, ruhigen Fühlens der Seele, welches gleichsam inneres Fühlen der Seele ist und sich zwischen dem äußeren und dem innersten Fühlen vollzieht, wirst du niemals entbehren können. Es sei dir Richtschnur und ihm ordne sich unter der Verstand. Denn wenn du schon innerstes Fühlen nicht wahrzunehmen, zu deuten weißt, so vermagst du doch sicherlich inneres Fühlen wahrzunehmen, das vom innersten Fühlen geleitet und gestaltet wird dem, — der das Edelste in seinem Leben sucht in Fühlen, Denken, Handeln.

Wer seine Seele frei und offen hält wie das Kind, dem werden, wie ich schon gesagt habe, alle Kräfte des Leibes, der Seele und des Verstandes erst richtig lebendig.

Er wird weit *mehr* erkennen auch im äußeren Leben als seine Mitmenschen und er wird vor allem weit *richtiger* und *besser* erkennen. Vorurteilslos wird er gegenüberstehen dem *ganzen* Leben, mag er auch über noch so viel Bücherwissen oder Erfahrungswissen verfügen.

Wer seine Seele in Wahrheit frei und offen hält, der hält sie zugleich frei und offen der Wahrnehmung der geistigen Welt, dem Erfühlen Gottes in sich. In einem solchen Menschen wirkt Gottes Erkennen, wirkt Gottes Wille.

Die alten Weisen Chinas priesen das »Nicht-Tun«, das

»Nicht-Handeln« und die großen deutschen Mystiker sprechen davon, daß der Mensch seinen eigenen Willen aufgeben und Gottes Willen und damit Gottes ewiges Leben in sich wirksam werden lassen solle, um schließlich in ein einziges bewußtes ewiges Leben und Sein mit Gott zu verschmelzen.

Das soll dir freilich letztes Ziel sein — auf deinem Wege zu Gott, zu Gott, den du gleichwohl ganz zart schon jetzt in dir erfühlen kannst, in der inneren Stille, in der heiteren Ruhe der Seele und in dem Streben nach edelster Formung deines Lebens, Erlebens und Tuns, nach Meisterung all deiner Kräfte, deiner Gefühlsregungen, Wünsche, Gedanken — nach Meisterung im Dienste der gottvertrauenden innersten Stille, in völliger inniger Hingabe an Gott, den Einzigwirklichen — der dennoch so vielen Menschen ein Nichts erscheint — Er, der in Wahrheit die höchste Wirklichkeit ist.

Wahrlich! Ich bin kein Phantast, sondern reinster, nüchternster Wirklichkeitsmensch, der allerdings in jahrzehntelangem unablässigem Sichbemühen völlig Herr und Meister seiner Gedanken und damit seines Wissens geworden ist. Allerdings, nachdem ich in ein völlig neues Bewußtsein, in bewußtes Einheitserleben mit Gott hineingeboren worden war. Aus Gott empfing ich Kraft, Stärke und Führung bei meinem Bemühen. Gott lebte fortan in meiner Seele und wurde dort Herr und Meister. Doch auch du, der du dieses liest, bist im Innersten gottverbunden, kannst Gottes Willen in dir erfühlen, seine Kraft und Führung empfangen und so Gott in dir Herr und Meister werden lassen. —

Auch du, mein Freund, wenn du Wissenschaftler bist, strebe danach, Herr zu werden deines Wissens und frei zu sein von ihm. Suche zu erfühlen, daß du mehr bist als nur forschender Verstand. Daß in dir ein Unvergängliches und unendlich Höheres wohnt, dem du fortan all dein Forschen weihen sollst.

Dann wird dir dein Wissen, dein Verstandeserkennen nicht »über den Kopf« wachsen und dich nicht »verblenden«: damit du in seliger innerer Freiheit alles Leben innen und außen wahrnehmen lernst, das Leben, das sich nur dem innerlich völlig Freien in allen seinen Möglichkeiten und lebendigen Zusammenhängen offenbart.

Heute aber hält das Wissen die Menschen noch gefesselt — der Trieb zu wissen, der wieder in Verbindung mit anderen Trieben wirkt, die gleichfalls den Menschen fesseln.

Nur so konnte es geschehen, daß in einer Zeit der höchsten Entwicklung der Naturerkenntnis den Menschen bitterstes Leid durch eben diese Naturerkenntnis widerfuhr, daß die Menschen auf ihrem Irrweg, weg von Gott und damit weg von der Wahrheit, tief unter das Tier fielen und ein Opfer unsichtbarer satanischer Mächte wurden, die von der Wollust, der Herzenshärte, der Grausamkeit der Menschen ihr lichtloses, qualvolles Dasein fristen und hohnlachend den modernen Menschen am Gängelband führen, der frei zu sein vermeint und so stolz auf sein Verstandeserkennen ist. —

So wende dich denn, Mensch der Gegenwart, wer du auch seiest, angeregt durch meine Worte, dem Erfühlen von Gottes Wirklichkeit, dem Erfühlen des eigentlichen, ewigen, des geistigen Wesens und Lebens des Menschen zu! Lasse dich von diesem Innersten führen — und deine innerste Sehnsucht, die kein Verstandesforschen erfüllen kann, wird Erfüllung finden.

Dann erst wird dir dein Denken und Wissen zum Segen gereichen, dir und deinen Mitmenschen und du wirst erkennen in Wahrheit die Wirklichkeit, — wirst erkennen daß *Gott die höchste Wirklichkeit* ist. — —

XVIII. Wesentliche Weisung

»Sein Begehren stehet vornehmlich in dreien Dingen, und das sind drei Reiche, die regieren ihn auch, und in welches er fället, da liegt er. Er begehret erstlich Macht, Ehre und Herrlichkeit, daß ihn alles soll fürchten und ehren, das ist eben des Teufels Griff: Also ist er auch gesinnet, und dem tut er genüge, so viel er kann. Und dann zum andern so begehret er Reichtum, Gut und Geld, viel zu fressen und zu saufen, und wie er das auch krieget, dannach fraget er nichts: Das ist der Geist dieser Welt, der begehret nur Hülle und Fülle als ein Tier tut ... und das Reich Gottes spricht: Ich habe mein Herze daran gewandt und habe ihn wiedergeboren: er ist aus meinem Reich ausgangen, ich habe ihn gesuchet und wiedergefunden, er ist mein, er soll meine Wunder offenbaren.«

(Jakob Böhme, Vom dreifachen Leben des Menschen.)

Wir kommen auf den Anfang dieses Buches zurück, dort schrieb ich, daß nur der den rechten Weg nicht verfehlen wird, der sich der Führung anvertraut, die aus dem Innersten der Seele kommt, wo Gott mit allen seinen Engeln wohnt. Ich schrieb, daß von dort Gottes und aller seiner Engel Rat und Hilfe kommt. Und ich schrieb, daß die Führung im Innersten der Seele ist: »der Kernpunkt jener ›Hygiene des Seelenlebens‹, die den Menschen langsam aber sicher zum höchsten Heile führt.«

Ich habe im letzten Kapitel noch besonders darauf hingewiesen und dargelegt, wie diese innerste Führung zustande kommt: der Mensch lebt mittels seines geistigen Leibes in Vereinigung mit der ganzen geistigen Welt und im Innersten dieses geistigen Leibes und Lebens in Vereinigung mit Gott. Er weiß freilich nicht bewußt davon. Allein er nimmt doch unbewußt am Leben der geistigen Welt teil und kann dieselbe und Gottes Leben und Willen in sich erfühlen lernen. Ja, er kann sogar — in gesegneten Augenblicken — die lebendige aus sich selber leuchtende geistige »Materie«, das Leben, Weben und Walten der ewigen innersten geistigen Welt, wenn auch fein und zart, wahrnehmen lernen. Denn, wie ein Weiser des Ostens sagt: »Noch lastet die Außenwelt mit übermächtigem Druck auf ihm.« Ja, übermächtig ist ihm die Welt der Erdensinne, von deren Herrschaft er sich nur sehr langsam zu befreien vermag.

Vermittels des innersten und inneren Fühlens der Seele kann aber *jedem* Menschen die Führung der geistigen Helfer und mit ihnen die Führung Gottes zuteil werden. Unser innerster Wille und Gottes Wille sind eins — ja, Eines. Und so ist es auch mit dem Willen der geistigen Helfer. Sie wollen nur eins: *dein Glück!* — Es ist deshalb wesentliche und wichtigste Weisung: vertraue auf die innerste Führung, vertraue auf dein innerstes und inneres Fühlen!

Meine Worte sollen dich in diesem Vertrauen bestärken, täglich, stündlich! Halte deshalb in deinen Alltagsvorstellungen, in deinem stündlichen Denken meine Worte bereit, auf daß sie deinen Alltag lenken und dir helfen bei deinem Streben nach Selbstbemeisterung, nach edelstem Seelenleben und Leben überhaupt, nach Frieden, Freiheit und Freude. —

Dann aber achte auf deinem Wege auf das kleinste

eigene Erkennen und freue dich von Herzen darüber und danke von Herzen dafür Gott und seinen geistigen Helfern.

Denn zu eigenem Erkennen und zum Leben aus deinem innersten Kern, der in Gott selber ruht, sollst du gelangen! Ich sprach auch einmal davon, daß du dich formen sollst nach deinem inneren Bilde. So will dich Gott haben. Und diesen Kern, dieses Bild, den Willen Gottes in dir, kannst du nur im Innersten erfühlen.

Sei dankbar für das kleinste Erkennen, für die kleinste Freude, für das kleinste Gelingen. Beachte mit seelischer Anteilnahme und Wertschätzung nur dein Gelingen. Kühl und nüchtern, ohne seelische Anteilnahme und nur um daraus zu lernen, beachte dein Mißlingen. *Glaube* an dein Gelingen, als ob nur dieses Wirklichkeit sei — und dein Glaube wird dir helfen. Du hast ja die *Kraft* zum Gelingen in dir und außerdem die *Hilfe* der geistigen Welt mit ihrem Rat, mit ihrer — auch äußeren! — Hilfe, mit ihrer Kraft.

Achte vor allem darauf, daß du in der Liebe bleibst und in der Liebe wächst. Sie sei Sonnenlicht und Richtschnur deinem Fühlen, Denken, Sprechen, Handeln.

Übe dich in unbeirrbarem Selbstvertrauen — es ist in höchstem Sinne *Gottvertrauen — denn deine höchste Wirklichkeit ist in Gott.*

In dieser deiner höchsten Wirklichkeit wirst du in der Ewigkeit *in jedem Augenblick neu aus Gott geboren* — zu ewigem Wachsen, Sichentfalten, Erblühen und Früchtetragen als geistiger Mensch.

In dieser deiner höchsten Wirklichkeit ist deine höchste Kraft, dein höchstes Leben, liegt alle deine Zukunft. Denn aus ihr allein wirst du ewig leben in der ewigen geistigen Welt, wie auch diese aus ihrer höchsten Wirklichkeit allein lebt, *aus ihrem Quellgrund im Herzen Gottes.*

Aus ihm, aus dem gemeinsamen, einzigen Quellgrund aller Wirklichkeit gebiert sich Gott selbst, ohne Unterlaß, als geistige Menschen, als geistige Welt, ewig jung, ewig Kind, — zu nie endendem Wachstum als ewig geistiges Leben. Die irdische Welt aber ist nur Wirkung der geistigen Welt, gleichsam ein Abglanz, eine Spiegelung, ein Schatten derselben.

Deshalb kannst du nur eingehen in das »Reich Gottes«, kannst du dein ewiges Leben nur finden, wenn du dich in jedem Augenblick neu geboren fühlst, wenn du wirst wie »die Kindlein« und in jedem Augenblick dich und die Welt als völlig neu, als völlig neu aus Gott geboren, erlebst. Dann erst und nur dann, wirst du zu den Lebendigen zählen! Gott aber ist ein Gott der seelisch Lebendigen, nicht der seelisch Toten. —

Übung im Selbstvertrauen, im Gottvertrauen bedeutet Übung in der inneren Stille, in der heiteren Ruhe der Seele, — in der gleichwohl alles Leben voll, weil frei und ungefesselt, fließt.

In der heiteren Ruhe der Seele ruhst du voll Vertrauen und frei von aller Furcht in Gott.

Denn, wie einer der Weisesten dieser Erde sagt:

»Alles Übel ist Furcht!«

Und wieder an anderer Stelle seines erhabenen Lehrwerks spricht er:

> *»Suche nichts, außer dem Zustand innerster, wunschlos vertrauender seelischer Stille!«*

und er gibt weiter den so wichtigen Rat:

> *»Erstrebe täglich und stündlich den hohen Zustand innerer S t i l l e, mitten im Lärm der Außenwelt!«* —

Diese innere Stille ist das Empfinden völliger Geborgenheit in Gott. Es ist das Empfinden seligen Friedens — und kein Wunsch stört dasselbe. Es ist das Empfinden seligen Friedens in Seele und Leib, ja, in der ganzen Welt.

Es ist das Empfinden, also ob nichts anderes da wäre als dieser selige, lichte, lebendige Frieden.

In diesem Frieden hört alles Fragen auf. Denn, wer diesen Frieden empfindet, der weiß, daß dieser Frieden — die eine, ganze Wirklichkeit ist. Er ist ja das Empfinden des eigenen, ewigen geistigen Wesens und Lebens. Er ist das Empfinden Gottes selber, der in uns und in aller Welt die einzige wahre Wirklichkeit ist und mit welchem wir eins sind. —

Befindest du dich in diesem Zustand, so nimmst du gleichwohl auf das deutlichste die Welt um dich wahr, auch deine Gedanken gehen weiter — von lebhafterer Frische getragen als bisher, denn frei und ungehemmt betätigen sich in diesem Zustand alle Kräfte deiner Seele und deines Leibes, geleitet von deinem stillen Innersten und erfüllt von seinem Leben.

In dieser inneren Stille ist Wahrnehmen, Empfinden, Fühlen, Denken und Tun eins und Eines, sind eins und Eines die Innen- und die Außenwelt. Es ist da nur ein einziges seliges Leben und du empfindest dich selber als dieses eine selige Leben. —

Du wirst aus meinen Worten, wirst aus dem, wie ich von solchem berichte, empfinden, daß ich den Zustand der inneren Stille kenne — vielleicht wirst du sogar ahnen, daß ich *ununterbrochen* in diesem Zustande lebe.

Wenn du aber den Zustand der inneren Stille in seiner höchsten Reinheit nicht erreichen kannst, solange du an der Erde Kleid gebunden bist, so kannst du dich doch diesem Zustande nähern. Und du sollst dich bemühen, in jedem Augenblick dich bemühen — ohne dich auch nur im mindesten dabei zu zwingen —, dich diesem Zustand zu nähern.

Ich nenne diesen Zustand auch: die heitere Ruhe der Seele.

Pflege alle Gedanken und Gefühle, die diesen Zustand zu fördern vermögen.

Wie ich schon eingangs dieses Buches gesagt habe, wähle dir jeden Tag eine »stille Stunde« zur Pflege der inneren Stille, des Empfindens heiterer Ruhe in Seele, Leib und Welt.

Dann aber denke tagsüber wieder und wieder an diesen Zustand und pflege die innere Ruhe mit allen Mitteln — mögen dieselben deinem Verstande oder gar deinen Mitmenschen kindisch, ja, albern erscheinen. Ich habe in dem Abschnitt »Hilfsmittel zur Pflege der inneren Ruhe« darüber gesprochen. Diesen Rat aber gebe ich dir noch: halte deinen inneren Weg zu Friede, Freiheit, Freude, deinen Weg zum Erfühlen deines ewigen geistigen Wesens und Lebens — deinen Weg zum bewußten Erleben der Einheit mit Gott — vor deinen Mitmenschen verborgen:

»Werfet die Perlen nicht vor die Säue und gebet das Heilige nicht den Hunden preis!«

Nur selten darfst du eine Andeutung machen, und nur dann, wenn du ganz sicher bist, nicht mißverstanden zu werden. —

So gebe ich dir denn anschließend noch diesen weiteren wesentlichen Rat:

Wähle aus meinen sowie aus anderen Büchern nur, was in dem jeweiligen Zustande deiner Seele dich anspricht. Denn nur was dich zu fördern vermag in deinem Frieden, deiner Freiheit, deiner Freude, in deinem Selbstvertrauen und Gottvertrauen, in deinem Vertrauen auf das in dir nur stets wachsende und sich entfaltende Leben, — nur das beachte in jeglichem Erleben. Leben ist Kraft, Erkennen und Können. Leben ist vor allem aber auch Liebe — und ohne Liebe versiegt der Lebensquell, verdorrt der Lebensbaum. *Wahres Gottvertrauen aber ist: Liebe zu Gott, eine solche mächtige Liebe zu Gott, daß in dieser Liebe der Mensch sich mit all seinem Bewußtsein ganz Gott hingibt.*

So wirst du mehr und mehr zur inneren Stille kommen — es wird dich alles bewegen — nichts aber wird dich umzuwerfen, zu knicken und dich für immer aus der Fassung zu bringen vermögen.

Und der Tod wird dir nur wie ein täuschungsvolles nichtiges Bild erscheinen, du wirst dich fühlen und fühlend erkennen als ewig — mit lebendiger, seliger Gewißheit.

Du hast auch um deine Lieben kein Bangen mehr. Denn auch sie wirst du, wie dich selber, ganz in Gott geborgen wissen. Du wirst mit Freude ahnen und es mit der Zeit auch deutlich fühlen, daß Gottes geistige Helfer in dir und um dich sind mit innerer Hilfe, mit innerem Rat — aber auch mit äußerer Hilfe, äußerer Lebenslenkung, wie unbefangenes Erfahrungserkennen dich lehren wird — nicht selten so, daß du staunen wirst über die wundersamen Fügungen deines Alltags, eines Alltags, den du Gott geweiht hast.

So wird dir denn zuteil: Gottes Leben bewußt zu erleben, aus Schlaf, Traum, Tod zu erwachen, aufzuerstehen zum ewigen Leben schon auf dieser Erde — und voll andächtiger Freude wirst du gewahren, daß alle Außenwelt nur Schein, daß Gott und Gottes Leben allein das Wirkliche ist, verborgen in, verborgen hinter diesem Schein.

Gottes Leben ist Freude und Erfüllung in sich selbst.

Nur vergängliche Scheinfreude können dir die Dinge dieser Welt spenden. Doch auch diesen Abglanz, diese Spiegelung, diesen Widerschein göttlicher Freude sollst du pflegen, ohne dich jemals von ihm fesseln zu lassen, bis du einst noch dazu die *wirkliche Freude selber* findest, die da *Gott* ist — *alles Suchens und Sehens letztes Ziel und höchste Erfüllung.* — —

XIX. Zusammenfassung und Beschluß

> *»Wer fertig ist, dem ist nichts recht zu machen,*
> *Ein Werdender wird immer dankbar sein.«*
> *Goethe, Faust (Vorspiel).*

So sind wir denn am Schlusse dieses Buches dort angelangt, von dem wir ausgegangen sind:

Von der Erkenntnis, daß Gott und die geistige Welt die höchste Wirklichkeit sind, daß von dort den Menschen ihre sicherste Führung kommt, die nur erfühlbar ist im Inneren, ja, im Innersten der Seele und in dem Zustande der inneren Stille, der heiteren Ruhe in Seele, Leib und Welt.

Wir sind ferner von der Erkenntnis ausgegangen, daß der Mensch göttlicher, geistiger Natur, daß der Mensch ein ewiger Geistesmensch und nicht von dieser Welt ist. Diese Welt ist ihm nur vorübergehende Heimstatt und sein Erdenkörper nur vorübergehende Behausung.

Wir haben dann die Pflege der edlen Kräfte der Seele kennengelernt: der Freude, der Liebe, des Pflichtgefühls, der Hoffnung und des Glaubens, der Zuversicht und der Geduld. Wunsch und Wille haben wir kennen und in dem letzteren eine Kraft schätzen gelernt, die wir zu bewußter Pflege unseres Empfindens, Fühlens, Denkens, Sprechens, Tuns benötigen.

Die in jedem Augenblick des Alltags so wichtige »Hygiene des Gedankenlebens« war der weitere Gegenstand unserer Betrachtung und meiner Ratschläge, die ich aus meinem eigenen Erleben geschöpft habe.

In den »Hilfsmitteln der Seelenformung« berichte ich gleichfalls von Selbsterlebtem und daher Bewährtem und ich ging in diesem Kapitel besonders auf die persönlichen Bemühungen, meine eigene Seele zu formen, ein.

»Schicksalsmächte und Schicksalswende« sollten dir nur die verschiedenen Ursachen deines Schicksals zeigen, dessen letzte Ursache in dir selber liegt. In dir selber liegen aber auch reiche Möglichkeiten, die Schicksalswende zum Guten herbeizuführen.

Dann aber haben wir uns den im menschlichen Leben so wichtigen Fragen, die mit »Arm und reich« zusammenhängen, gewidmet und auch da Trost gewinnen und Hoffnung schöpfen können.

Die »Impulse der Seele« — das Drängen in der Menschenseele nach Erleben und Erreichen — schwingen am besten aus in einem voll gelebten Leben in der heiteren Ruhe der Seele und bei wacher Lenkung des Fühlens und Denkens.

Nun wird von der Krankheit gesprochen und gezeigt, wie dieselbe vom Seelischen des Menschen aus entstehen, von diesem aus aber auch in ihrer Heilungstendenz wesentlich gefördert werden kann.

Die Stimmungsschwankungen haben verschiedene Ursachen. Gerade sie können durch rechte Hygiene des Gefühls- und Gedankenlebens gar sehr beeinflußt werden, so daß sie schließlich die heitere Ruhe der Seele immer weniger zu stören vermögen.

Von »Sünde, Reue und Schuld« war dann die Rede, von der rechten Reue, von der Auflösung des Schuldgefühls und von dem erleichterten Abtragen aller Schuld.

»Irren, Fehler, Schwächen« werden beseitigt dadurch, daß man sie seelisch entwertet und sie nur kühl — gedanklich beachtet, — um aus ihnen geradeso zu lernen, wie aus irgend einem Lebensgeschehen, und um so durch Irren entstehendes Leid zu vermeiden. Unser seelisches Beachten aber gelte dem, das wir in uns und an uns, von der innersten Seele aus, wertschätzen und lieben.

Durch geeignete Pflege unseres Vorstellungs- und Gefühlslebens lassen sich selbst hartnäckige Laster und Süchte beseitigen.

Wir lernten, wie das Leid zu überwinden ist, lernten, daß der Mensch nicht zurückblicken dürfe auf früheres Irren und Leid und sich auf den Berg der Hoffnung und Zuversicht, des Selbstvertrauens und Gottvertrauens begeben soll.

In dem Kapitel mit der sonderbaren Aufschrift »Nicht zu viel!« war vom Rhythmus des Lebens die Rede, der nur gewahrt werden kann, wenn wir den Rat der Weisesten des alten Griechenlands beachten: Maß zu halten in allem. Und doch gibt es da Ausnahmen: wenn der Wille Gottes in uns, unser innerstes Fühlen, es verlangt, daß der Rhythmus des irdischen Lebens einmal oder zeitweilig oder für immer aufgegeben werde. Dann aber wird Kraft und Hilfe der geistigen Welt uns stark und lebendig machen an Seele und oft auch an Leib, sowie uns beistehen im äußeren Leben, wird auch äußeres Geschehen uns zur Hilfe lenken. Wir sollen aber »Vor allem das Reich Gottes und seine Gerechtigkeit« suchen, das »nicht von dieser Welt« ist, denn *unser Ziel liegt im Ewigen.*

»Mann und Weib« führten uns hin zu den tiefsten Mysterien des Menschen, — die zum ersten Male einem großen Leserkreis unterbreitet werden. »Wer es fassen kann, der fasse es« — und wo dein Verstehen völlig versagt, was ich gar wohl begreifen kann, dann entnimm doch diesem schwierigsten Abschnitt des Buches nur, was dich freudig bewegt und dich mit Andacht erfüllt.

Die Ehe ist weit mehr, weit Höheres als das gegenseitige

Stillen des Verlangens eines gar mächtigen, des mächtigsten Triebes, des Urtriebes alles irdischen Lebens. Die Ehe ist der wichtigste — Weg zu Gott!

Kaum erahnbar viel kann das Kind, dieser uns von Gott gesandte Lehrmeister des freien, freudigen Lebens, *uns* schenken — mehr als wir *ihm* zu geben vermögen. Und doch können wir dem Kinde auch viel helfen, durch liebevolle Führung, durch Beispiel und Liebe.

Nur wenn recht gelebt, wird die Ehe ein Schlüssel zum Himmelreich, das ganz gewiß auch der ledige Mensch erlangen kann.

In »Denken, Wissen — Wirklichkeit« weise ich eindringlich auf die Bedeutung des inneren und innersten Fühlens hin, wenn wir den Willen Gottes und die Führung der geistigen Helfer in uns vernehmen wollen, und im Kapitel »Wesentliche Weisung« mache ich eindringlich aufmerksam auf die Pflege der inneren Stille, der heiteren Ruhe der Seele.

Nicht Wissen und Denken vermitteln dir die Erkenntnis deines ewigen Wesens und Lebens, sondern in der inneren Stille, in der heiteren Ruhe der Seele, wird dir das Erleben deiner Ewigkeit und von Gottes Wirklichkeit selber zuteil.

Dann hört alles unruhevolle Denken und Sichsorgen im Alltag auf — nichts, kein äußeres Geschehen, wird einst die heitere Ruhe der Seele, wenn du dieselbe pflegst und übst, jemals zu stören vermögen.

Und wenn solche Störung sich doch ereignen sollte, wird sie bald wieder verschwinden in der Grundstimmung deines ganzen Lebens: in der *heiteren Ruhe der Seele.*

Wem ich etwas bringe

> *»Wer vieles bringt, wird manchem etwas bringen ...«* *Goethe, Faust (Vorspiel).*

Im ersten Kapitel dieses Buches habe ich gesagt, daß dieses Buch Menschen jeden Standes »beglückender Führer« sein will.

Da aber die Menschen in dem, was sie innerlichst bewegt, in ihrem tiefsten Suchen nach Glück sich wohl völlig gleichen, in ihrem Denken und Streben anderseits sich gar sehr voneinander unterscheiden, so mußte ich auf das Letztere gebührend Rücksicht nehmen.

Du darfst nicht erwarten, daß hier nur das dargestellt wird, *was* dich und *wie* dich dasselbe bewegt. Die Menschen begehen den Fehler, die Art, wie sie das Leben sehen, für die einzig richtige zu halten. Jeder denkt so. Die Lebensauffassungen sind so verschieden und sie sollen es auch sein. Richtig aber ist nur die Auffassung des Einzelnen für *ihn selbst* und nur, *wenn er guten Willens das Edelste in seinem Leben erstrebt und stets bedenkt, daß er ein Werdender ist.* Ich habe schon früher darauf hingewiesen, daß für den lebendigen Menschen heute, ja, im jetzigen Augenblick Bedeutung gewinnen kann, was gestern, was sein ganzes früheres Leben hindurch nicht diese große, vielleicht das ganze Leben verwandelnde, Bedeutung besessen hat.

So kann dir beim Lesen dieses Buches heute eine lebendige Erkenntnis zuteil werden und später, vielleicht nach langer Zeit, wieder eine weitere Erkenntnis. Niemals sollst du »fertig« sein, wie es Goethe mit großer Weisheit ausgesprochen hat.

Deshalb entnimm diesem Buche, was dich bewegt, was dich freudig anspricht, was dir innere Hilfe und Führung bringt, was dir Kraft gibt, was dein Selbstvertrauen, dein Vertrauen auf die Wirklichkeit und Hilfe Gottes und der geistigen Welt unablässig stärkt. Und gerade das Letztere benötigen wir alle gar sehr, denn »die Außenwelt lastet mit übermächtigem Druck« auf den Menschen.

Beglückt entnimm diesem Buche, was immer dich zu fördern vermag — und glaube mir, wer du auch seiest, wie viel Wissen du dir auch angesammelt haben magst, wie ein Sammler seine Seltenheiten, wie ein Reicher Geld und Güter — du kannst hier etwas finden, was nicht *gewußt*, nicht durch Denken und Forschen ergründet werden kann. Denn ich schreibe dieses Buch von einer Warte aus, die das innerste ewige Leben selber ist, das aller Wissensgegenstände und deiner selbst, mein Freund, alleinige Ursache ist. Dieses ewige Leben gebiert sich ununterbrochen aus sich selbst — all dein Wissen und Forschen ist vergänglich und veränderlich. Es bewegt sich als Welle auf der Oberfläche des »Meeres der Seele« — meine Worte aber kommen aus dem unvergänglichen Innersten der Seele, — wo nicht Wissen wohnt und Wünschen, sondern ewiges seliges Leben.

Darum rate ich dir: laß vom Verstand dich nicht betören und dich nicht verblenden von den Forschungsresultaten der Wissenschaft, die ich mehr wie jeder andere zu schätzen weiß — als Hilfe für mein ärztliches Wirken und als Blüte und Frucht des Lebens, denn auch Wissen und Forschen ist letzten Endes Auswirkung innersten Lebens.

Wenn aber auch der Verstand Auswirkung dieses Lebens ist, so ist er eben nur dessen vergängliche Wirkung und von völlig anderer Art als das ewige Leben des Menschen selber, verglichen mit diesem nur wie ein Schatten.

Nur dem Erfühlen wird Erkennen des ewigen Lebens

zuteil, in gläubiger Hingabe an dieses, welches in Wahrheit die höchste Wirklichkeit ist.

Und dieses ewige Leben des Menschen, Gott, die geistige Welt *ist*, das *glaube mir*, — und wehre geflissentlich dem zweifelnden Verstande, wehre dem Massenwahn, — auch wenn diese Masse aus deinen Kollegen wissenschaftlicher Forschung und Betätigung bestehen mag. —

Der einfache gläubige Mensch aber soll in diesem Buche die Bestätigung der erfühlten Gewißheit von Gott, der geistigen Welt, des ewigen Lebens, des absolut sicheren Weiterlebens nach dem Tode finden. Er soll finden, worauf ich immer wieder hinweise mit absolutester Gewißheit, Sicherheit, Bestimmtheit, daß uns gütige Helfer der ewigen geistigen Welt Gottes umgeben, ja, in uns sind, daß sie uns niemals verlassen mit Führung, Stärkung und mit Hilfe auch im äußeren Leben.

So wird jeder etwas finden — aber der Edelsteine dieses Buches leuchtendster ist meine frohe Kunde *vom ewigen Leben des Menschen* — und sie entstammt eigenem Erleben. —

Tröstliche Zukunft

> *»Nicht reden wir von uns allein: Es ist der Stern erschienen, welcher das Siegel zerbrochen hat: Was gaffest du denn lange? Merk auf, denn die Zeit ist kommen, es ist kein Aufhalten mehr.«*
>
> *(Jakob Böhme)*

»Die Zeit ist kommen, es ist kein Aufhalten mehr.« Wie ich schon früher mit Gewißheit gesagt habe, eine Zeit seelischen Tages ist im Anbruche, der so licht sein wird, wie tief dunkel die seelische Nacht war und leider noch ist. Und mit derselben Gewißheit spreche ich aus, daß auch dieses Buch Zeichen des neuen Tages ist.

Denn es ist geschrieben von der geistigen Welt selber, die aufs neue in den Menschen lebendig werden wird — mit ihrer Liebe, mit ihrer Freude, mit ihrem so wirklichen befreienden beseligenden Leben.

Laß diese geistige Welt, laß mit ihr Gottes Leben, dein eigenes ewiges Leben in dir wirksam werden!

Dann wirst du Herr, wo du vorher Sklave warst, lebendig, wo du vorher tot warst, dann wird es in dir licht, wo es vordem dunkel war. Und daran werden deine Mitmenschen teilnehmen, ohne daß du ihre Teilnahme auch nur beabsichtigst, — einfach dadurch, daß du lebst so, wie du lebst. Dein Beispiel, dein »Bild« wird auf sie wirken, — ohne daß sie dieses bewußt erkennen. Aber auch ohne sichtbares Beispiel wirst du deinen Mitmenschen helfen, denn auch im Unsichtbaren wirkst du seeleformend auf andere Seelen, weil alle Menschen — auch die von der Erde abgeschiedenen — nicht nur in ihrem geistigen Leben in Gott, sondern auch im Fühlen ihrer Seele durch unsichtbarer Seelenkräfte Wirkung miteinander verbunden sind.

Deshalb suche dein eigenes edelstes höchstes Leben, — so wirst du am besten, und ohne alles bewußte diesbezügliche Streben, als Leben im Leben, mithelfen an der wirklichen und nicht scheinbaren Erneuerung der ganzen Menschheit.

Dann wird nicht mehr, und zwar mit vollem Recht, gesagt werden können, wie es in der schönen poetischen Erzählung »Der Wilde« von Seume heißt:

»Seht ihr fremden, klugen, weisen Leute, seht,
Wir Wilden sind doch bess're Menschen!«

So sprach

»Ein Kanadier, der noch Europas
Übertünchte Höflichkeit nicht kannte
Und ein Herz, wie Gott es ihm gegeben,
Von Kultur noch frei, im Busen fühlte . . .«

Dann wird der Mensch der modernen Zivilisation die wahre Kultur finden, die er heute noch kaum ahnt, und der jener Wilde mit seiner Herzensgüte um Unendlichkeiten näher steht als der Mensch, der in Wissen und technischem Fortschritt die höchste Blüte des Menschentums sieht.

Dann wird der Mensch — von verderblichstem Wahn, daß er nur ein »vergängliches Erdentier« ist, befreit — aufhören, ein Höriger unsichtbarer satanischer Gewalten zu sein, die in immer schrecklicheren Kriegen und dadurch verursachten Leiden die Menschen leiblich und mehr noch seelisch vernichten wollen.

Er wird sich von diesen dunklen, kaum geahnten Mächten zu den stillen Helfern der geistigen Welt hinwenden, die er wohl auch nicht sieht, die er aber erfühlen kann in seiner Seele und mit ihnen Gottes Wirklichkeit, Liebe, nie endende helfende Güte.

Und allen Menschen wird zunehmend zuteil werden:

Friede, Freiheit und Freude!

*

Leitspruch fürs Leben:

Du suchst das Glück? Vergiß die trüben Stunden:
Nur an der Freude kann der Mensch gesunden!
Und nur die Liebe macht den Menschen reich,
Den Engeln selbst in Gottes Himmel gleich.

Dann wirst du stark durch rechtes Gottvertrauen,
Auf diesem sollst du all dein Streben bauen.
Rein schreite und mit klugem Sinn
Und schaffensfroh durch dieses Leben hin.
Laß jeden Tag dir neuen Beitrag bringen
Für Lebensglück und guten Werks Gelingen.